法匠 Legal craftsman · 执业技能进阶

吴春风 著

律师谈案方法

成功的底层逻辑和实践

法律出版社 | LAW PRESS
北京

图书在版编目（CIP）数据

律师谈案方法：成功的底层逻辑和实践 / 吴春风著. 北京：法律出版社，2024. -- ISBN 978-7-5197-9254-1

Ⅰ. D920.5

中国国家版本馆 CIP 数据核字第 202452UJ71 号

律师谈案方法

——成功的底层逻辑和实践

LÜSHI TANAN FANGFA

—CHENGGONG DE DICENG LUOJI HE SHIJIAN

吴春风 著

策划编辑 朱海波 杨雨晴
责任编辑 朱海波 杨雨晴
装帧设计 鲍龙卉

出版发行 法律出版社
编辑统筹 法律应用出版分社
责任校对 蒋 橙
责任印制 刘晓伟
经　　销 新华书店

开本 A5
印张 9.875 **字数** 200 千
版本 2024 年 10 月第 1 版
印次 2024 年 10 月第 1 次印刷
印刷 保定市中画美凯印刷有限公司

地址：北京市丰台区莲花池西里 7 号(100073)
网址：www.lawpress.com.cn
投稿邮箱：info@lawpress.com.cn
举报盗版邮箱：jbwq@lawpress.com.cn

销售电话：010-83938349
客服电话：010-83938350
咨询电话：010-63939796

书号：ISBN 978-7-5197-9254-1　**定价**：60.00 元

凡购买本社图书，如有印装错误，我社负责退换。电话：010-83938349

作者简介

吴春风

1965年6月出生。东北大学工学硕士。北京市资深律师，作家。

曾在大型国有企业和民营企业负责经营和法务系统工作。现为北京瀛和律师事务所专职律师。

执业二十余年来，办理大量民商事案件，并担任多个重大项目和几十家企业的法律顾问。

办案之余喜欢写作，主要作品有：

专著：《律师基本功》《律师谈案方法》。

小说：长篇《合法的游戏》《被决定的人》《真相的诱惑》；中篇《蚁穴主人》《重逢》；短篇《咨询》等。

论文：《论合同法在企业管理中的应用》《论中韩经济增长模式的比较研究》《论诸葛亮的悲剧》《论非虚构法律故事的写作技巧》等。

前言

这是一本专门探讨律师谈案方法的书。

律师只有掌握正确的谈案方法，才能有效地提高谈案能力，不断地开拓市场。

最近几年，律师和其他法律工作者的人数急剧增加，法律服务市场的竞争已经白热化，大家都在千方百计地争夺客户（当事人）资源。因此，律师的谈案能力显得格外重要。对律师来说，会不会谈案直接关系到能否生存和发展。律师如果不会谈案，就无法独立执业，更难以发展壮大。

但令人担忧的是，许多律师并不善于谈案，特别是年轻律师，他们经常浪费极其宝贵的谈案机会。比较常见的情形有：

（1）由于谈案的准备不充分，让当事人失望而归。

（2）谈案时未能抓住案件的要害，失去当事人的信任。

（3）案件分析比较准确但未能提出有效的解决方案，把当事人拱手让给竞争对手。

（4）谈案的大部分工作基本得到当事人的认可，但由于未能提出合理的收费方案，遗憾地倒在“最后一公里”。

（5）谈案时表现出了相当不错的专业能力，收费方案也比较合理，但由于没有注意细节，最终失去订单。

仔细观察这些谈案过程我们不难发现，每一次谈案的失败虽然各有其具体原因，但都有一个共同点，那就是这些谈案都没有遵循正确的方法，甚至有些谈案根本不存在方法，完全是随意进行的咨询。这主要是因为，律师没有意识到，谈案是一项非常复杂的系统性的工作。

谈案的过程中，律师至少要完成以下工作：

（1）谈案前，要做好各种准备，比如调查当事人的背景，了解本案相关的情况，检索可能适用的法律和相关的案例。

（2）谈案时，要通过有效的询问，深入了解案情，准确判断当事人的真正需求。

（3）谈案时，要根据当事人陈述和有关证据，对案件进行深入分析，迅速发现案件的要害，及时拿出有效的解决方案。

（4）谈案时，要综合考虑各种因素，制定合理的收费方案，并在合适的时机用合适的方式向当事人提出。

（5）谈案时，要采用有效的方法，说服当事人认可你的分析，接受你的解决方案和收费方案，同意与你签订委托代理合同。

（6）谈案时，要注意各种细节。面对当事人时，要表现出应有的勇气和责任感；向当事人提问时，要精心设计提问的内容，采取适当的方式；组织语言时，要充分考虑当事人的心理和情绪；分析案件时，要避免不应有的逻辑错误。

（7）谈案时，要始终保持警惕，准确判断当事人通过律师要实现的真实意图，防范可能产生的执业风险。

这些工作，如果没有掌握有效的方法是很难做好的。而要让每个当事人对你“情有独钟”，那就必须熟练掌握各种谈案方法，使其成为你的无意识能力，这也是本书倡导的理念。

本书通过具体的案例，详细介绍了两种提问方法、六种谈案方法、九种收费方案、十条谈案原则、十二个谈案步骤，以及影响谈案成败的五个细节问题。最后，本书还分析了四种谈案时可能发生的执业风险。

在这些内容中，六种谈案方法是本书的核心。其实，谈成企业常年法律顾问的方法中包括四种具体的方法，因此，准确地说应该是十种谈案方法。这些方法中不仅蕴含法律思维规则，还蕴含博弈论、心理学、逻辑学、营销学的原理。

比如“谈案五步法”就是博弈心理学原理和法律思维规则相结合的产物。因为谈案过程实际上是说服当事人的过程，而说服与被说服是一场微妙的心理博弈。所以，谈案本质上是律师和当事人之间的一场心理博弈。

这些谈案方法中，“案例研究法”是基础，它是用于提高案件分析能力的方法。如果你没有很强的案件分析能力，无论采用“谈案五步法”还是“市场营销法”抑或“比较分析法”，你都无法让当事人相信你的专业能力，而当事人绝不可能花钱聘请他认为不专业的律师。所以，本书用一个典型的案例，以比较大的篇幅详细介绍了“案例研究法”。

本书中的这些方法，皆是笔者根据二十多年的谈案经验和教训提炼出来的，在实践中比较行之有效，而且具有一定的规律性，能够适用于各种类型的谈案。

达尔文说：“最有价值的知识是关于方法的知识。”本书中的谈案方法，可以启发读者对谈案进行全面深入的思考，逐步建立自己的谈案系统，有效提高谈案能力，迅速积累客户资源，在激烈的竞争中脱颖而出。我想，这就是本书的主要价值所在。

目录

序章

一个谈案失败的例子

我的那些最重要的发现，是受到失败的启示而获得的。

英国化学家　汉弗里·戴维

二十多年前我刚执业的时候，参加过一次韩国人的年会，在年会上认识了一位做贸易的商人。他在大连有一家公司，从韩国进口服装，批发给新疆乌鲁木齐的代理商。韩国服装设计新颖、面料讲究、颜色纯正，新疆人特别喜欢。这个生意非常好，所以他想在新疆几个大城市都设一个代理商，请我写一份这方面的合同。我用了三天，写出一份5000多字的《区域代理权授权合同》给他，他看完后很满意。他诚恳地说，你干脆做我们公司的法律顾问吧。

我当然求之不得。有一家常年法律顾问单位，对新律师来说在各方面都是很重要的。他问我一年的律师费多少钱？我说，这是涉外业务，根据司法局的律师费指导价格，至少得3万元。他打电话同妻子商量，然后告诉我，他们只能出1万元。听到这个价格，我第一个感觉就是受到了侮辱。那时候我年轻气盛，当即就很不高兴地说，律师不是商人，谈律师费不能像买衣服一样砍价。这句话显然也刺激到了他的自尊心，因为他是卖衣服的。他说，我给你这份合同的钱。我说，这份合同要么 1 万元要么分文不收。他当然不可能给我 1 万元。我们就这样不欢而散。

这件事让我想了很多。为什么本来好好的事情突然变成这个样子呢？经过深刻的反省，我总结出三个主要原因：

第一，我的为人处世水平不行。

这是根本。这件事如果站在他的角度考虑，其实并不难理解。他的企业还很小，进入中国市场的时间也不长，需要的法律服务不会太多。

第二，我的执业理念有问题。

我说律师不是商人，这句话的潜台词是什么呢？就是律师高于商人嘛。律师是“师”，当事人应该像对待老师那样尊敬律师。那时候，我对律师职业有个信念：“工作并非为了获得报酬，获得报酬是为了继续工作。”我没有想过，其实律师是服务型职业，我们应该有服务的理念。

第三，我不懂谈案策略。

从策略的角度讲，其实多少钱都可以做。给多少钱干多少活嘛。我们可以在代理合同中约定一个总的服务时间和具体服务项目，超过这个服务时间和服务项目就另行收费。

第一章

谈案失败的三个主要问题

创造始于问题，有了问题才会思考，有了思考，才有解决问题的方法，才有找到独立思路的可能。

中国教育家　陶行知

我为什么要在“序章”里讲这样的例子呢？因为我发现，许多青年律师都像我当年一样，谈案的时候实实在在地做了不少工作，但没有取得应有的效果。

有人曾经统计过，执业未满五年的律师，谈案成功率不到20%。这说明，我们在谈案方面确实存在不容忽视的问题。要知道，当今律师业竞争如此激烈，有实际需求的当事人找到我们，跟我们讲述他的案情，这已是十分难得的机会。如果我们一次次地浪费这种机会，我们的业务就很难发展起来，甚至我们的生存都可能成为问题。

那么，我们在谈案方面究竟存在哪些问题呢？据我多年的观察，许多律师在谈案时都存在以下三个问题：

第一，不能迅速发现案件的要害。

第二，不能准确判断当事人的真正需求。

第三，不能及时拿出有效的解决方案。

下面，我们通过具体的案例，对上述三个问题逐一进行分析。

第一节　谈案时不能迅速地发现案件的要害

从许多材料和复杂情况中，很快梳理出主要问题，找到案件的要害所在，是律师必须练就的基本功。

举个例子：

在国企A公司做采购部长的张某，因涉嫌“签订、履行合同失职受骗罪”被公安机关刑事拘留。案件移送到检察院审查起诉的时候，他爱人通过朋友找到我。他爱人姓李，是某大学社会学教授。李老师思路非常清晰，她详细介绍了事情的来龙去脉。

原来，张某前不久跟老客户B公司的销售经理王某签订了一份钢板采购协议。协议签订后，A公司按照协议约定的时间把材料款付给B公司。王某按照惯例从B公司把钢板提了出来，但是没有发给A公司，而是另行出售给其他公司，然后销声匿迹。B公司发现后立刻报警。公安机关起初认为张某跟王某合伙诈骗，以涉嫌合同诈骗罪对张某采取了刑事强制措施。但是经过初步调查，没有发现张某涉嫌合同诈骗罪的任何证据。于是，把涉嫌的罪名改为“签订、履行合同失职受骗罪”，因为客观上B公司确实遭受了重大损失（事发后，B公司考虑到长期合作关系，立即向A公司补发了货物），而这个损失与张某签订的合同确实有关。

我听完介绍之后问李老师：“张部长以前是不是跟这位王经理还签订过一些类似的合同？”

李老师回答说：“没错，这两家公司是长期合作伙伴，而老张和王经理是各自企业的代表。”

我问她：“能不能联系A公司，让他们把以前张部长和王经理签订的所有合同都找出来？”

李老师说：“没问题，老张是A公司的老员工，人缘很不错，而且，A公司相信老张是无辜的，愿意帮助他洗脱罪名。”

于是，我们一起去了A公司。A公司的总经理马上吩咐档案室负责人，把跟张部长和王经理有关的合同全部找了出来。我发现，A公司和B公司的合同几乎都是他们俩经办的，其中有15份合同跟涉案合同几乎一模一样。

我心里一下子亮堂起来。很明显，张某案的性质是经济纠纷而不是刑事案件。当然，王某涉嫌合同诈骗罪，但这跟张某没有关系。对于张某来说，王某的行为构成表见代理。张某不知道也不应该知道，王某签订这份合同是为了牟取不法利益。王某拿着盖有A公司印章的合同，与张某签订和以往几乎相同的合同，在这种情况下，张某完全有理由相信，王某有权代表A公司。

我把这个观点写成辩护意见，并附上以前签订的15份合同给检察院和经侦支队。后来，经过多次的沟通，检察院没有起诉，经侦支队直接撤销了案件。

张某没想到这么快就获释，他异常高兴，摆了一桌丰盛的酒席。

在席上李老师很兴奋，她说："我找你之前已经咨询过两位律师，这两位律师都把辩护的侧重点放在是否存在失职和受骗的事实上，说签订和履行这个合同是张部长的本职工作，所以由于这个合同公司受到损失属于企业正常的经营损失，张部长主观上没有过失，客观上没有实施犯罪行为，不构成'签订、履行合同失职受骗罪'。"

我微笑着解释道："他们的分析并不是没有道理，这就是我们许多刑辩律师通常采用的犯罪构成要件分析法。不过，这是在犯罪构成的框架内进行分析的，讨论的是嫌疑人的行为是否符合犯罪构成要件。而我的分析则完全跳出了这个框架，直接讨论行为的性质，指出这种行为与犯罪根本没有关系，它是正常的经济行为，所以不用深入讨论犯罪构成要件。”

李老师边听边点头。“我反复分析了你们三位律师的观点，最后我认为还是你的观点抓住了案件的要害，这才是从根本上解决问题的方法。事实证明，我的判断是正确的。”她指着她的丈夫不无得意地说，“否则，你没准儿得在里面待上几年。”

李老师说话时的神情，我现在还历历在目。这件事让我深刻地认识到，在谈案的时候能够抓住要害是多么的关键。只有迅速地抓住案件要害，才能让当事人信服你，最终选择你。

那么，律师在谈案时抓不住要害有哪些具体的表现呢？

1. 讲得太多，缺乏逻辑性

谈案时夸夸其谈是律师的大忌。律师在人们的印象中是特别能讲的，好像“能说会道”是律师的标配。所以，不少律师特别是刚执业的律师，面对当事人的时候总是喜欢滔滔不绝讲个没完，常常把当事人弄得云里雾里。殊不知，这正是律师抓不住案件要害的一个典型表现。很多当事人都会因此质疑你的专业水平，因为不管在哪个行业，一两句话就能说到点子上，才说明你足够专业。这是通理，只不过人们在这方面对律师的要求更高而已。

律师能说会道，不是胡乱地讲很多东西，而是有逻辑地进行分析得出结论，而任何逻辑都不可能是冗长的。讲得多，就可能缺乏逻辑性，而缺乏逻辑性的讲话，是难以让人听得懂的。

有一次，助理用很疑惑的语气跟我说：“刚才来个当事人，他咨询劳动争议方面的法律问题，我给他讲了三个小时但他好像还是没听懂。”

我静静地凝视他。

我的眼神可能让他有些心慌，他局促不安地说：“吴律，您看这个当事人……”

我很不客气地打断了他的话：“不是当事人的问题，是你的问题。不是当事人没听明白，而是你这个律师没讲明白。律师是干什么的？是给当事人解决问题的。而解决问题的前提是，能够迅速地抓住问题的要害，然后用最简洁的语言表达出来，让对方一听就明白，这样才能有说服力。”

他红着脸低下了头。我知道自己说话的语气有些重了，然而，讲了三个小时都未能让当事人听明白，着实让我有些惊讶和失望。良药苦口，但愿我的严厉能让他真正认识到自己的问题。

2. 大量使用法言法语

抓不住案件要害的另一个常见表现是，不管面对什么样的当事人，都用大量的法言法语进行说明和解释，结果越说越乱，越解释越不明白。有的律师甚至还动不动就使用法律名词的简称，比如“排非”（排除非法证据）、“有独三”（有独立请求权的第三人）、“非吸”（非法吸收公众存款罪）等。

律师有时候需要说法言法语，比如在法庭上。但是谈案的时候，要尽可能说普通人能听得懂的话。对不懂法律的人讲法言法语，那就是对牛弹琴。我们的目的不是显示自己多么精通法律，而是向当事人说明他的案件是什么性质、应该如何解决。也就是说，我们的目的是帮助当事人解决问题，而解决问题的前提是当事人能够理解我们讲的东西，只有理解了才能相信我们，而只有相信了才能聘请我们。千万不要忘了我们谈案的根本目的。

我曾见过一位律师，他被自己说的法律概念套住了，作茧自缚。当事人想让他拟个合同，用当事人的房子来抵押借款，但债权人要求先把产权过户到自己的名下，如果不能偿还借款房子就归他。这就是流押，但这样的约定在法律上是无效的。

那么，此事有没有解决的办法呢？当然有，那就是把它做成让与担保。这位律师可能也是这么想的，所以把当事人往让与担保的方向引导。于是他就开始讲让与担保，一通下来讲得当事人晕头转向，最后当事人顺着律师的话问了一句：“我把产权都过户给他了，如果他把房子卖了怎么办？”当事人的疑虑的确是实务中的大问题，也是让与担保的主要风险之一。可这位律师显然缺乏实务经验，并不知道怎么解答，所以只是反复说合同是有效的，对方这么做是严重违约，应该承担违约责任。这样的解释显然没能说服当事人，我看当事人叹了一口气摇摇头起身告辞了。

这就是谈案时跟外行讲法言法语惹出的麻烦。其实，这件事非常简单。不要跟他讲什么法律概念，你就按照让与担保把合同做出来就行。至于他提出的问题，你完全可以坦率地告诉他，这种风险是不可避免的，在法律上没有根本性的解决方法。既然你急需借款，那就应该承受这样的风险。这世上不存在没有风险的交易，何况是用这种方式借款。不过，我们可以采取必要的措施，最大限度地避免发生这种风险，比如在合同中约定这种恶意违约的高额违约金，而且，把过户后的房产证放在我们手里。由于该房屋是我们控制的，所以对方想擅自处分该房屋并非易事。

律师在谈案时抓不住案件要害的表现还有很多，比如答非所问或者回避问题等。由于篇幅所限，在这里我就不再展开了，大家可以根据谈案经历，总结出自己在抓住案件要害方面存在的问题。

我认为，律师要善于反省和总结。反省一定要不留情面，不要用各种理由安慰自己；总结一定要系统深入，不要蜻蜓点水、流于形式。这样才能避免重复犯错，迅速成长。

第二节　谈案时不能准确判断当事人的真正需求

当事人找律师究竟要解决什么问题，往往是模糊不清的，有时候当事人自己也说不明白。所以，我们要帮助当事人梳理出他们真正的诉求。有的律师，案子已经起诉到法院也仍然没搞明白当事人真正的需求是什么，动不动就变更诉讼请求。

有一本书叫《要件审判九步法》，是一位法官写的。作者在书中说，开庭之后法官的第一项工作就是确定诉讼请求。他发现，有些案件之所以拖得时间很长，就是因为原告的诉讼请求没有固定。

下面，我们通过一起案件看看当事人的真正需求是什么，当事人希望通过律师达到什么目的。

有一天，A 公司总经理李某拿着一份起诉状来咨询我，说有人告他在担任 B 公司法定代表人和总经理期间，以虚构交易等名义把资产转移到他独资的 A 公司，所以向法院起诉要求返还。我发现，他在介绍情况时表情有些异常，好像很是不安。

律师要善于观察和分析当事人的表情和言语背后隐藏的含义。该案原告的诉讼请求只有 30 多万元，以李某的财力即使败诉也不至于如此焦虑，我觉得这其中一定有什么问题。所以，我一边看原告提交的证据材料，一边询问他事情的原委，欲找出他究竟在担心什么。不一会儿我就明白了。原来他担心的是，一旦败诉他就可能在业内身败名裂，而且可能还要承担刑事责任，比如挪用资金罪。所以，他真正需要的是，律师能保住他的声誉，即便在其他方面如经济上作些让步。

谈这样的案件，我们首先要考虑能不能解决他的这个隐忧，解决不了最好不要接。这个案件是我一个律师朋友转给我的，而把这个案件介绍给他的人也是一名律师，他们俩都担心无法妥善解决当事人可能涉嫌犯罪的问题，所以最后到了我手里。

其实，不少当事人都有这种比较微妙的需求。因此，如果你对他的这种隐忧和需求没有察觉，或是无动于衷，他就可能不会聘请你。

还有些当事人，确实不清楚自己的真正需求是什么，因为他的真正需求隐藏在他的潜意识里。

一位中年妇女，曾经咨询我有关离婚的事。她跟丈夫住在北京的一套小产权房别墅里。她说，她丈夫为人谨慎、正直、聪明，没有任何不良习惯，唯一的毛病就是没完没了地唠叨，喜欢阴阳怪气地数落她，让她忍无可忍。他们有个儿子，已经长大，在国外读大学。他们在外人看来是富裕且幸福的夫妻。有矛盾的时候，两人也不大吵大闹，互相看不惯就在别墅内分居，男的住二楼，女的住一楼。

咨询的时候我问她为什么要离婚？她就开始举例说，这个男人说话如何如何气人，让人恨不得一马勺打死他。她讲得绘声绘色，我们不妨先看一段他们争吵的场面。

两人正在吃饭。

他歪着脑袋细声细气地说："你看，冰箱里那么多东西，好几个月都吃不完，为什么不能一次少买点？"

她说："你也不做饭，管这些干什么！"

"虽然我不做饭，但是，你这个做得不对我应该指出来，否则……"

"否则啥！"她没好气地打断了他的话，"你做好自己的事情就行了，不用管我。"

"你怎么这么说话？我说得不对吗？你怎么从来就不知道改正呢？"他丝毫没有生气，耐心地说。

她对他这种对自己情绪无动于衷的样子特别反感，于是，拿起饭碗站起来准备回自己的卧室里吃。

这时，他又讲话了："这个西红柿，块儿不能切这么大，这样吃起来嘴要张得很大，看着不文明……"

她站住强忍着怒气瞪着他，他却依然那么平静地面无表情地说："你这个牛肉炖得有点火大了，咬着费劲……"

"去你的，咱俩离婚！"她冲着他咬牙切齿地喊道。

"离婚行，但是我不会给你钱。"他慢悠悠地说。

这位妇女跟我说，类似的情况每天都能出现几次。凡是她做的事情，他总能找出毛病，然后一二三四给你十分耐心地指出来，不管你如何愤怒。她觉得这简直就是折磨、虐待。她眼泪汪汪地说："我要发疯了。如果不离婚，我真的可能得精神病，没准儿哪一天我就把他杀了然后自杀。"

她的无助和绝望溢于言表。这个男人的确有点特别。如果是急性子的人，可能早就动手了。

我用理解的语气说："他的行为确实让人有些忍无可忍，不过他讲得好像都有点道理，他是希望你改正过来，而你认为这个跟他没关系。他是这个家庭的成员，家里的事情怎么可能跟他没关系呢？我觉得这可能是他的性格问题，他的出发点不一定是坏的，他希望你们家变得更好，更让他满意。你们现在的这个状态，在法律上还不能说已经达到'夫妻感情确已破裂'的程度，而这是判决离婚的法定条件。所以，如果他坚决不同意离婚的话，法院可能不会判你们离婚。"

"吴律师，您说得没错。他的每一句话好像都有道理，好像都是为这个家好。但是，哪有一个家是那么完美的呢？我在家里像奴隶一样伺候他，因为我是专职太太，我在家带孩子，他上班赚钱。我理解他在外面的难处，可也没有这么折磨人的？我实在受不了了，这是软暴力啊。"她哭诉道。

“孩子已经长大了，他对你们现在的状况了解吗？他什么态度？”

“他知道情况，他说我很了不起，能忍受这样的男人。”

既然这样，我觉得应该给她具体的建议。我说：“如果你真的想离婚，必须分两步走：第一步是分居，不管你出来还是他出来，你们俩必须有一个人离开那个房子。”

“他是绝不会离开那个房子的，房子是他的命根子。我可以出来，但我担心一件事：如果我不在的时候，他把房子卖了怎么办？这是小产权房，只有村里发的房产证，产权证上只写了他一个人的名字。他现在已经离职了，没有工作，他可以卖完房子一走了之，到时候我上哪儿找他去。”

“这种风险不是没有，”我说，“你们俩协议离婚是不可能了，是吧？比如商量把别墅卖掉，各自再买一套房子，或者房子给他，他给你相应的现金补偿。”

“不可能，”她毫不犹豫地说，“他不会同意卖别墅，他手里也没有多少钱给我。”

看来，以他们现在的状况，不分居的情况下打离婚官司胜诉可能性很小，分居又担心他卖了房子“失踪”，再也找不着他。这是个死局，至少目前还没有到解决的时候。想到这里，我说：“你找一个你们俩都认识的好朋友，跟他谈一下怎么样？”

她笑了，笑得极其无奈。“他有个女同事，跟我关系不错。她说，这个男人没办法，他在单位就是这个样子。”

“那么，单位的人跟他相处都怎么样啊？”

“他的人缘还不错，大家可能都习惯了，反正没有太大的利害关系。”

“那你为什么不能习惯呢？你不会当是耳旁风吗？他说他的你做你的，反正他也不会动手打你。”

“我也天天那么想，可这个性格……”她低下头没有往下说。

“为什么你不能从另一个角度去看他呢？我发现他也有不少优点。你结婚前喜欢的不就是他那些优点吗？为什么现在只盯住他的缺点不放呢？”我逼问道。

“是，他是个好人，但是我想要自由。”她脱口而出。

自由？没错，这就是她真正的需求。我恍然大悟。如果这个男人在家里能给她自由，比如在家务方面的自由，她就不会想到离婚。离婚不是她的目的，她的目的是没有管束的自由的生活。这些年，她在家里带孩子做家务，没有到外面赚钱，可能感觉低人一等，需要看他脸色，没有存在感，所以，她渴望平等的、受人尊重的自由的生活。

> 不过，我无法满足她的这个需求。律师不是万能的。我坦率地告诉她，如果你真想离婚，我可以帮你起诉，但是，你想在维持婚姻的前提下得到自由，这不是我能解决的问题。我劝她去看看心理医生，也许心理学能够帮助她摆脱内心的挣扎。

另外，还有个别的当事人，试图利用律师通过虚假诉讼等手段谋取非法利益。这是律师谈案时的主要风险之一，我们将在后面的“谈案中的执业风险”一章中对此进行详细的探讨。

遇到这种情况，首先要迅速地判断出当事人找你究竟想干什么。一旦发现当事人谈案目的不正，如想通过律师实施违法活动，就应该明确告诉他这是违法行为，我方拒绝代理这样的案件，然后立即结束谈案。律师不能为虎作伥，那是自毁前程。律师也要善于保护自己，我们要知道，律师的执业风险首先来自当事人。

第三节　谈案时不能拿出有效的解决方案

在谈案时，律师应该给当事人指出法律上的一条出路，一个解决方案。当然，此时的方案是初步的，但即便是初步的方案，当事人也能判断出它的优劣。解决方案是当事人评价律师是否专业、是否应该信任的关键指标。

律师千万不要低估当事人的“眼力”，他们大多咨询过不少律师，有的当事人甚至咨询过十几个律师，所以，对自己的案件已经有了比较全面深入的认识，对律师的水平也有了相当的判断力。

一些律师对案件的法律分析作得很不错，但拿出的解决方案却有些问题，可行性比较差，无法让当事人心悦诚服，所以谈案最终未能取得成果。

举个例子：

房地产市场价格波动比较大的时候，经常发生一房二卖的案件。这类案件大多涉及合同无效的问题。那么，怎么打合同无效的官司？

以夫妻一方主张合同无效的案子为例，假设我们的当事人是女方，她的丈夫擅自处分了夫妻共有的房屋。办理这类案件通常有两种方案：第一种方案是按恶意串通来处理，认为她丈夫与第三人恶意串通，损害其利益，按照《民法典》的有关规定，要求法院判令合同无效；第二种方案是按无权处分来处理，认为她丈夫未经她同意，擅自处分了夫妻共同财产，所以，主张她丈夫和第三人签订的房屋买卖合同应认定无效。

我发现，不少律师喜欢选择第一种方案。咨询的时候，一听到当事人讲，她丈夫如何欺骗她，如何跟第三人勾结，私自把房子卖掉，就马上想到这是恶意串通，按照《民法典》的规定该合同是无效的。这个说法本身没有错，该方案在法律上也能成立。然而，在司法实践中用恶意串通胜诉的案件并不太多。为什么呢？因为恶意串通证明起来相当有难度。

最高人民法院的专家们早就注意到这个问题，他们在《中华人民共和国民法典总则编理解与适用》中对恶意串通条款（《民法典》第154条）进行解释时说，受害人在举证方面会遇到困难，因为受害人不仅要证明当事人之间在主观上存在损害自己利益的意图，还要证明当事人之间在客观上存在相互串通的行为，这对举证的原告来说非常不利。所以，我们认为，这类案件主要还是通过当事人之间实施的行为本身来认定，该行为是否属于恶意串通行为，其判断标准就是社会一般的观念。这就要求法官在论证其心证时，在判决书中充分说明理由，公开其心证的过程。

这段话里有两个要点：

第一个要点是，是不是恶意串通行为，要以社会一般观念为标准进行判断，而不是根据具体的法律条款来判断，因为在实际案件中很难找到适合的法律条款。那么，什么是一般观念呢？这是比较模糊的概念。第二个要点是，判断是不是恶意串通行为需要法官心证，而且需要法官在判决书中充分说明理由，公开其心证过程。

我们知道，法官在判案时很少用一般观念，他们喜欢引用明确的法律规定；他们在判案时也很少用心证，更不用说在判决书中公开其心证过程。可见，律师要想证明对方是恶意串通，除非有明确的证据，否则是非常困难的。

现在我们再看看，如果主张无权处分，举证责任的分配会怎么样。此时我们只需证明两个事实就可以了：第一，她丈夫处分的是夫妻共同财产，这点比较容易证明。第二，她丈夫处分涉案房屋未经她的同意，而且她也不应该知道，不存在“明知”的情形，这点也相对容易证明。我们只要证明了这两点，举证责任就转移到对方，第三人就要证明他是善意取得。

善意取得按照《民法典》第 311 条的规定，应该同时符合三个条件:（1）受让涉案房屋时必须是善意的;（2）支付合理的对价;（3）已经办理产权过户登记。

（1）第三人要证明自己是善意的，也就是购房的时候，他不知道也不应该知道那是夫妻共同财产。这个问题的证明在司法实践中是比较复杂的。即使她是房屋的隐名权利人，房屋产权证上只写了她丈夫一个人的名字，具体情况往往也不那么简单。我发现，在许多案件中，第三人和这对夫妻是朋友、熟人，或是同事、邻居，反正并不是完全陌生的关系。而夫妻一方擅自处分房屋之前，一般都是先闹离婚，闹得不少人都知道。这个时候，第三人说我不清楚这是夫妻共同财产较难让人相信。总之，善意取得的第一步是第三人要证明自己是善意的，而证明过程中我们可能会找到破绽，发现他并非善意的证据。

这也是律师办案的一个重要策略，把自己的举证责任尽可能降到最低，想方设法把举证责任转移到对方那里，然后在对方举证时找出破绽打击他。青年律师通常在这方面都做得不太好，主要是因为经验不足。他们在法庭上比较紧张，一门心思想用自己手里的证据论证某些观点，想不到策略性地把球踢到对方那里，让对方举证，然后等待攻破对方防线的机会。

（2）第三人要证明自己支付了合理对价。是否支付了合理对价，要看有关市场价格和实际付款的证明材料。这方面证明时也经常漏洞百出。比如，有个案件的第三人说，房款是用现金支付的。80 多万元的款项用现金支付，这不太符合常识和交易习惯，很难让法官相信。

（3）第三人还要证明房屋产权已经过户到他名下。办理过户手续需要一定时间，这有时候也会给我们机会。在我曾办理的一起房地产买卖合同纠纷案件中，当时过户审批单已经在领导的桌子上，领导一签字新的产权证就发下来了，但我们在不动产交易中心申请冻结了过户手续的审批程序，为当事人争取了时间。

以上就是按恶意串通处理和按无权处分处理在操作中的差别。大家看，对我方而言哪个更容易证明、哪个证明责任更重、哪个方案更有效，结论不言自明。

因此，我们在研究案件的时候，首先要考虑我们的举证责任是什么，能否证明自己想要证明的事实。只有在此基础上选定解决方案，该方案才是有效可行的。

不过，在选定解决方案的时候千万不要过早地作判断，那样可能会导致失去最佳的方案。因为我们的大脑有自我辩护的本能，一旦我们选择了某个方案，大脑就会全力以赴维护它，并排斥一切其他的方案。

我经常发现，有些律师还没有听完当事人的陈述，还没有阅读有关的证据材料，就轻率地发表结论性的意见，这是相当危险的。如果当事人认为你比较权威所以信任你，那你很可能把当事人带入错误的道路，导致当事人失去不可再得的胜诉机会。而如果当事人察觉到你的轻率，那就会认定你不够成熟不够专业，所以不会信任你，谈案就可能戛然而止。

总之，解决方案是律师与当事人建立信任关系的基础，因此，律师提出解决方案的时候一定要慎之又慎、三思而行。

最后，有一点需要说明一下。本节中我举的案例只是为了说明本节的主题——律师在谈案时必须提出有效的解决方案。以前，我经常用“无权处分方案”处理类似的案件，都取得了很好的结果。

第二章

谈案的基础

水之积也不厚，则其负大舟也无力。

中国思想家　庄子

我们了解存在的问题之后，就要搞清楚有关谈案的基础性问题，这样才能找到解决的方法。

谈案的基础性问题包括：

什么是谈案？

谈案与咨询有什么区别？

谈案的本质是什么？

谈案的目的是什么？

谈案中律师和当事人应该是什么关系？

谈案之前需要做哪些准备？

谈案要遵循哪些基本原则？

谈案的过程包括哪些具体步骤？

谈案分几个阶段？

谈案时当事人需要作出哪些重要决策，这些决策中存在哪些风险？

第一节　什么是谈案

谈案是律师与当事人围绕案件的解决进行的深入而全面的交流和协商。

谈案的内容主要包括以下三个方面：

1. 当事人介绍

当事人介绍案情，提出诉求，说明理由等。

2. 律师分析

律师解答当事人提出的问题，分析案件的法律性质，分析现有的证据，分析当事人的优劣势，分析案件可能的发展方向，提出初步的解决方案等。

3. 双方协商

双方协商确定委托代理合同的具体内容，包括确定代理的事项范围和权限，律师费的数额和收费方式等。

第二节　谈案与咨询的区别

从上述谈案的内容可以看出，谈案与咨询存在明显的区别。咨询是为了解答当事人提出的问题，而谈案是为了与当事人签订委托代理合同。解答问题通常是单向的说明，而签订合同需要双方的合意。在谈案过程中，律师不仅要解答当事人提出的问题，还要分析案件的各个方面，提出我方可以采取的初步解决方案。更重要的是，在谈案中律师要与当事人商定律师费的数额和收取方式。

有很多律师分不清咨询和谈案的区别，经常用咨询的心理去谈案，结果咨询做得挺不错但案子没谈成，因为他把注意力集中在解答当事人的问题上，没有切入正题，没有谈最重要的内容。

谈案中有两个内容最为重要：

第一，案件的解决方案；

第二，律师费的数额和收取方式，即收费方案。

有些青年律师不好意思主动谈律师费问题，好像如此一来自己就变成商人了，他们寄希望于当事人自己提出来，似乎这样回答起来更加顺其自然。

的确，有时候当事人会主动询问律师费是多少，这可能是因为你让当事人感觉比较满意，也可能是因为他想了解行情以便与其他律师讨价还价。

不过，也有相当一部分当事人咨询之后对律师费只字不提。这并不能说明你提供的咨询有什么问题。也许正好相反，你可能讲得太好了，以至于让当事人觉得自己就可以做，不用再花钱请律师。

但不管如何，律师提供咨询之后，如果想代理该法律事务，那就应该主动切入下一个话题，即这件事您是否愿意委托我来处理，我的律师费大约是多少，支付方式是怎样的。如果你没有进入这个阶段，那么，你做的只是咨询而不是谈案。

因此，我们心里始终要铭记：咨询是咨询，谈案是谈案，这完全是两回事。如果你的目的是签订委托代理合同，那你与当事人交流的重心就不应该只是咨询。

第三节　谈案的本质

从律师的角度讲，谈案的本质就是说服。

这个说服主要包括三个方面：

（1）说服当事人同意你对案件的综合分析，包括关于事实和法律的分析，也包括必要的逻辑推理。

（2）说服当事人同意你提出的初步解决方案。当然，它的前提是，你帮助当事人梳理出真正的需求。

（3）说服当事人接受你提出的收费方案。律师费的商谈过程，本质上是说服当事人认可你的价值的过程，是一场微妙的心理博弈，这方面在后面的章节里将作详细的探讨。

说服能否取得预期的效果，取决于你的分析和方案能否引起当事人由衷的共鸣和赞同，也取决于你所要提供的法律服务能否让当事人感到物有所值。

第四节　谈案的目的

如前所述，咨询是为了解答当事人提出的问题，而谈案是为了与当事人签订委托代理合同。由于这个问题格外重要，而许多律师又经常对此不予重视，所以，我觉得有必要作进一步的说明。

律师谈案的目的是，通过分析案件、解答疑问、提出方案等过程全面展现自己，取得当事人的认同和信任，最终达成代理协议。从这里我们可以看出，谈案的目的其实有两个：一是达成代理协议，这是直接目的，也是最终的目的；二是全面展现自己，这是间接目的，是为了在当事人心里烙下印记。

很多时候，由于各种原因谈案不一定马上就有效果，甚至你此次谈案的当事人并未委托你。然而，如果你给当事人留下了深刻的印象，那么，将来当事人和他的亲戚朋友再有法律问题的时候，他可能会第一时间想到你，或来找你。所以，谈案对律师来说，是一个很好的宣传自己的机会。据说麦肯锡有一个理念：客户遇到问题，只要第一时间能想到给麦肯锡打电话就行。

律师要善于培养潜在的客户。老律师们常说，某些案件好像跟自己有特殊的缘分，比如突然有个标的额比较大还比较容易办理的案件找上门来，仿佛从天上掉下馅饼一样。其实，这世上根本不存在“天上掉馅饼”的事，这只是因为在以前谈案或办案的时候，你在某个当事人心里“种下了一颗信任的种子”。

第五节 律师和当事人的关系模式

通常，当事人法律纠纷的解决方案，在谈案过程中就可以初步确定，签约之后再根据整体策略和对证据的深入分析，对方案进行必要的调整即可。

那么，这个方案最终谁来决定呢？是由当事人来决定还是由律师来决定？这是个大问题，涉及律师和当事人之间的关系模式。

目前，律师和当事人之间主要存在以下三种关系模式：

第一种模式：律师决定主义

这是律师主导模式，是历史最悠久的传统模式。在这种模式下，与当事人法律纠纷有关的重要事项，比如起诉还是和解，起诉采取什么策略和方案等，都由律师来决定。

当然，律师会向当事人进行说明或解释，但当事人几乎不参与决策。所以，与案件有关的信息，律师也往往不会详细告知当事人，因为律师认为，这只会增加当事人情绪上的不安和思想上的混乱。当事人只需做两件事：一是按律师的要求提供协助，比如详细介绍事情的来龙去脉、准备证据、说服证人出庭作证等；二是签署起诉状、授权委托书等必要的法律文书。

我们把采用律师主导模式的律师称为“律师决定主义者”。在“律师决定主义者”看来，律师和当事人之间是什么关系，应该由律师来决定。有的律师甚至认为这是“律师的道德责任”，因为律师把如此专业的事项之决定权交给当事人，实际上是一种不负责任的表现，并非真正尊重和关心当事人。

采用律师决定主义模式是基于这样的假设：

第一，当事人对法律基本上是无知的，所以，对案件的处理不可能作出理性的决定，对可能产生的法律后果也无法作出正确的衡量。

第二，当事人有时候并不清楚自己要解决的问题之实质，也不清楚律师能为他具体做些什么。

第三，当事人认可上述两个假设是成立的，并在此基础上，对律师给予最充分的信任，将与案件有关的所有权利授予律师行使，即当事人给律师的是解决纠纷全过程、全方位的特别授权。

这种模式有个显著的优点——问题解决的效率比较高，案件处理结果通常也比较好。因为，采取这种模式的律师大多是有地位、有经验、有能力、有胆识的，而这些因素对纠纷的解决往往起到关键作用。

我举个简单的例子：

几年前，有个同学的孩子在K市涉嫌入室盗窃被当地公安机关刑事拘留。这位同学当时在国外，心急如焚，求我赶紧想办法救出他的儿子。我马上想到了在K市专门做刑事辩护业务的张律师，他是执业二十多年的资深律师，而且还在某市公安局法制处做过副处长，业务能力相当强。我建议我同学聘请张律师做他儿子的辩护律师。我同学听了我对张律师资历的介绍之后欣然同意。

张律师雷厉风行，第二天就带助理去看守所会见了嫌疑人。会见之后他立即给我打电话，告诉我具体的案情。

案情其实非常简单。所谓的受害人是个年轻女孩，好像是个“性工作者”，自己租房子住。嫌疑人认识她，以前“照顾”过她的生意。那天，他又去找她，发现房门开着但她不在房间里，于是坐在床上等她。他看见她的手机在床头上，便拿起来想看看她的朋友圈但打不开。这时他的手机响了，是一个同事找他喝酒。

他决定先去喝酒，喝完酒再来找她。但是，他刚走出房门就碰见她从外面回来。她发现他的手里拿着自己的手机，便开始大喊“有人偷我的东西”。听到喊叫声，从旁边的屋里跑出两个小伙子，一下子把他控制住了，然后扭送到派出所。整个过程他没做任何反抗，到了派出所他也如实交代了事情的整个过程。办案人员问他为什么拿别人的手机，他回答说，就是想逗她玩儿，让她紧张一会儿。

张律师认为，他的行为根本不构成犯罪。张律师说，这个孩子特别老实，这些人是在欺负他，想从他身上弄点钱花，所以他想做无罪辩护。我完全同意他的分析和方案。

于是，我告诉我同学，你们可以签合同，支付律师费。但这个时候，出现了一个新的情况。有个老乡跟我同学讲，如果你同意给受害人一定的补偿，受害人就会按他的要求写“谅解书”，然后这个老乡就去找有关人员“协调”此事。这个老乡说，他不能保证无罪释放，但可以先取保候审再争取拿到缓刑判决。

我同学处于两难的境地，他问我应该采用哪种方案？是请张律师做无罪辩护，还是按老乡的方案支付补偿金拿到“谅解书”，然后通过“协调”解决？

我让他先问问张律师，看他什么意见。

“我刚才问了，张律师说，不能给补偿金，我们也不需要谅解书，因为补偿金和谅解书都可能被人理解为我们心里承认自己有罪。”

“老同学，我知道你在担心什么，我也理解你的苦衷。不管采取什么方案，这个巨大的风险必须由你们自己来承担。没有谅解书，不支付补偿金，坚持无罪辩护，检察院和法院就可能会认为认罪态度不好，一旦无罪辩护不成功，那后果就可能比较严重。”

他沉重地叹了口气。

“不过，你有没有想过，如果你儿子真的无罪，却因为妥协而被定罪，那他的人生就完全不一样了。”

“是啊，那我应该怎么做呢？”我同学的语气显得极其无奈、十分痛苦。

我非常谨慎地问他：“老同学，你找律师的目的是什么？”

他愣了片刻，然后回答说：“帮我解决这件事。”

“是帮你解决还是代你解决？律师是你的帮手还是你的代理人？”我追问道。

他沉吟了一会儿，恍然大悟地说：“春风，我知道你说的意思。我决定聘请张律师，让他全权处理这件事，不管什么后果，我不会有任何抱怨。”

在很多案件的办理过程中，我们都会遇到类似的两难困境。当事人会面临利益攸关甚至生死攸关的重大选择，这个时候最终的方案由谁来决定，是律师还是当事人，这直接关系到案件的处理结果。律师和当事人之间，经常为此发生激烈的冲突。

在此案中，我委婉地建议我同学采纳张律师的方案，因为作为老律师我十分清楚，那些所谓的“协调”可能不靠谱，弄不好“赔了夫人又折兵”。

事实证明，我同学的选择是正确的。张律师接受委托后不到一个月，公安机关就撤销了此案，我同学的儿子没有任何案底地获得释放。这个结果，完全超出了我同学的预期。

看到这里大家可能已经感觉到，我似乎是个典型的“律师决定主义者”。没错，我办理的案件，策略和方案等重要事项都由我来决定。不过，我会及时向当事人进行说明，为什么采取这样的策略和方案，取得当事人的同意后才付诸实施。因此，我可能还部分属于后面要讲的“平等合作主义者”。

第二种模式：当事人决定主义

这是当事人主导模式，在这种模式下，由当事人控制纠纷解决的主要过程，所有重大决定都由当事人作出，事情本身不需要讨论，律师只需按照当事人的指示完成任务即可。

显然，在这种模式下，律师只是当事人实现其目的的工具人。当事人清楚自己想要的东西，而且也懂得如何去索取，法律手段只是其策略的一部分。这种唯命是从的律师，不仅在影视剧中经常出现，在现实中也不乏其人，比如有些给大企业做法律顾问的律师，或者代理某些特殊人物的案件的律师。其实，这个时候律师的执业风险是非常大的，很容易被当事人的事情牵累，不明不白地陷进去。当事人一旦出事，律师也可能会被司法机关认定为共犯，甚至有时候成为当事人的替罪羊，这种例子屡见不鲜。

还有一些走程序的律师，他们主动把决定权交给当事人，不管当事人作出什么决定，只要法律上允许他们就去执行，即使明知道这么做的结果有损于当事人的利益。这种扭曲的职业观害人害己，是绝对不可取的。

有些经验丰富的老律师也持工具主义态度，这主要是为了防止办案过程中夹杂个人情感。这样的律师并不一定没有强烈的责任感，只是惨痛的教训告诉他，律师最好的定位是老老实实做当事人的工具人，任何过于热心和充满正义的表现都可能会带来危险和埋怨，最终对自己和当事人都没有好处。比如，办理刑事案件的时候，为了证明当事人无罪，律师冒着巨大的风险亲自调查取证，或者在自媒体上曝光某些办案细节。但是，当事人对此却不理解，或者迫于某种压力，投诉或举报自己的律师，导致律师受到行政处罚甚至锒铛入狱。

我个人认为，不管什么原因，律师都不应该成为当事人的工具人。律师的工作必须有独立性，这是保持职业尊严的前提，而没有尊严的职业是不值得去从事的。

第三种模式：平等合作主义

这种模式可称为现代模式，是最近十几年才兴起的。在这种模式下，当事人与律师是平等的合作伙伴，重要事项都由双方协商决定，不存在谁控制谁的问题。

这种模式的提出是基于这样的理念：需要解决的案件是当事人的案件，当事人有权知悉与案件有关的信息。当事人参与处理案件的整个过程，凡是与案件有关的重要事项，须由律师与当事人经过充分交流后协商确定，这样才能最大限度地发挥律师和当事人的作用，实现当事人利益的最大化，而这是律师和当事人的共同目的。

我非常赞同这种模式，几年前开始努力尝试这种模式，也取得了很好的效果。如今的当事人大多具有一定的知识，也了解法律的基本常识，对事情有相当的判断力。所以，律师应该尽可能用各种方式让当事人参与决策。比如，确定案件解决方案时，律师提出几种方案，给当事人分析各自的利弊，然后让当事人进行选择。毕竟案件的法律后果由当事人承受，所以，这个决定权理应属于当事人，代理律师不应该越俎代庖。当然，如果当事人征询律师的意见，律师也应该提出自己的倾向性意见，帮助当事人作出决定。

不过，若当事人选择的是有可能对自己最不利的方案时，律师应该主动向当事人进行必要的说明和提醒，就像法官释明一样，这是律师应尽的义务。但是，如果律师进行必要的说明和提醒之后，当事人依然选择该方案，律师就应该尊重当事人的选择，立即执行该方案，因为当事人可能有不便明说的隐情。

采用这种模式时，律师有一点需要特别注意，就是不要试图用自己的价值观影响当事人的决定。律师在当事人的心目中是专家，所以一言一行对当事人的心理和选择可能会产生不小的影响。

我亦有一个这方面的教训。那是我刚执业的时候，以前的同事介绍了一位准备离婚的妇女，大概 45 岁。根据她讲述夫妻闹矛盾的过程，我觉得对她来说离婚是件好事，她早应该离婚。因为她的丈夫是那种在外面被人欺负后会回家打骂老婆孩子的男人。在我眼里，这种男人不能称其为男人。所以，我几乎是劝她离婚了，甚至只收了很少的律师费就帮她起诉。

但是，在法官的调解下这两口子又不离婚了，而且，我的当事人还告诉法官，她本来不是很想离婚，是律师劝其离婚的。于是法官给我来电话训斥了我一通，说律师不能为了钱做这种伤天害理的事情。我当时资历尚浅，加上自己也觉得好像对当事人说了一些不该说的话，所以接受了法官的“教育”。

综上所述，律师与当事人之间通常存在三种关系模式。具体采用哪种关系模式，一般在谈案的时候就能够确定。而一旦确立了某种模式，这种模式往往会贯穿整个办案过程，哪一方想改变都会比较困难，弄不好还会发生激烈的冲突。

因此，我们应该根据自己的性格和职业理念，先确定自己要采用的关系模式。当然，在实践中，究竟采用哪种关系模式，取决于多种因素，如当事人的性格、当事人面临的处境、当事人的案情等，所以，律师要懂得灵活调整自己的处事方式。有时候，律师与当事人的关系，是心理博弈后的结果。

第六节　谈案的十条原则

谈案必须遵守一定的原则，否则，即使成功签约也会后患无穷。

第一条　积极倾听，不作评判

善于讲话是律师的一个基本特征，而善于讲话的前提是善于倾听。但我惊讶地发现，许多律师并不善于倾听，常常没有真正理解当事人陈述的含义，就自以为是地给案件定性，提出解决方案。

善于倾听的表现是积极倾听。那么，什么是积极倾听呢？积极倾听就是，对当事人陈述的事实表示理解，鼓励当事人畅所欲言。有时候，当事人因为自尊心，或者认为说出真相可能对自己不利，或者不愿意触碰自己的心灵创伤，会对有些情况讳莫如深，不愿意讲出来。这时候就要看律师是否善于倾听。如果律师是积极的倾听者，当事人就有可能敞开心扉，而律师就能获得更多与案件有关的真实信息。

积极倾听要求律师适时作出适当的反应。比如，说一些理解或肯定的话："我理解你的处境……在当时的情况下，这可能是你最好的选择……"但如果你没有找到合适的话语，最好还是保持沉默，用认真的点头、期待的目光或专注的记录等方式表示你在积极地倾听。

积极倾听还有一个好处——当事人会坦率地纠正你对案情的理解。如果当事人发现你并没有认真倾听他的陈述，即使他发现了你的理解并不正确也可能会置之不理，因为他对你已经没有了信任感，这种情况下谈案是很难成功的。

倾听的时候有个原则十分重要，那就是：不要对当事人的行为和感情作出评判。很多当事人都异常敏感，你一旦作出某种评价，哪怕是做出某种表情，他都会立即关闭心灵之门，特别是涉及情感问题案件中受到伤害的当事人。

从律师的角度看，当事人的某些行为可能"愚蠢"得让人不可思议，"草率"得让人难以理解。为什么会做这样的事情呢？这个骗局不是很明显吗？连3岁小孩都能看出来……遇到这种情况，有些律师就忍不住大发感慨，甚至严厉地批评、教训当事人。

有的律师还认为，律师必须一开始就掌控当事人，当事人才能佩服你、委托你，以后办案过程中也会依赖你。以我的观察，这种方式在实践中虽然比较有效，但它有个前提——当事人属于没有主见的喜欢依附的性格。而对其他绝大多数当事人来说，这种方式只能带来冲突和矛盾，毫无益处。若谈案的时候用这种方式，除非你是业内知名律师，某方面的权威，否则当事人不可能委托你。

只有设身处地地考虑当事人的处境，积极倾听当事人的陈述，才能赢得当事人的尊重和信任。没有几个当事人愿意花钱找一个让自己备受打击、倍感屈辱的律师。

第二条　说话实事求是，不忽悠、不欺骗

不管是对当事人有利的方面还是不利的方面，都要实话实说。如果对当事人案件中涉及的某些专业问题不甚熟悉，你也要如实相告。我们必须在此基础上再谈能否签订委托代理合同。

我认识一个律师，咨询的时候，他对案件的分析总是非常简单，只有寥寥数语，解决方案更是只字不提，主要是说一些让当事人产生信心的话。他常说的一句话就是："这事儿，你交给律师就行了。"他表现得像一个心理学家，似乎能够一下子看透当事人的心理，所以他谈案成功率比较高。不过，投诉他的当事人也不少。

大概十年前吧，他接了一个案件，收了3000元，是房山的案件，

而他住在通州，一个东一个西，距离很远。他为了这个案件去了 5 趟房山，可当事人还是向司法局投诉了。投诉的时候当事人说："法官跟我讲，这个案件律师一看就能明白，根本就赢不了。但是律师却说'交给我就行了'，好像真有希望似的，这是欺骗，一开始就是欺骗。"他没办法，只能把 3000 元律师费退还给当事人。

可见这样谈案是不行的。明显不能胜诉的案件，应该清楚地告诉当事人通过法律手段不可能实现他的目标，这也是基本的职业道德。无论律师行业现在多么内卷，生存多么艰难，职业的底线还是要遵守的，否则难以走远。

第三条　对案件的结果不作任何承诺

律师不能对案件的结果作出承诺，这一点大家都知道。这里需要注意的是，也不要用暗示或比喻的方式进行承诺。

我曾经听到有个老律师在谈案时对当事人说："你这个案件最好的结果是实现'共产主义'，不好的话就是'社会主义'了。"这句话对结果的暗示非常明显：最好的结果是无罪，最差的结果是即使判刑也会判得比较轻。这是承诺还是判断？我觉得更像是一种承诺。这种做法比较危险，我们绝不能通过承诺或变相承诺的方式促使谈案成功。

第四条　要事先充分告知诉讼风险

举个例子。北京某个楼盘迟迟不交房，十几个购房人想起诉，要求解除合同并赔偿损失。他们通过朋友找到我，想请我代理。我觉得这个案子不小，所以，在面谈之前对该楼盘做了必要的调查。我了解到，这个楼盘一直不能交房的原因是开发商拖欠工程款，施工企业不同意继续施工，而且占领了整个工地，开发商根本进不去。

大家想一想，这样的案件能不能接？“解除合同并赔偿损失”，当事人的这个诉求能不能实现？如果法律上能够实现，当事人有哪些风险？

我认为，当事人这个诉求在法律上是能够实现的。但是，法院一旦判决解除合同，其风险就会随之而来。当事人很可能“赔了夫人又折兵”，不仅丧失对房子的权利，已付的房款也可能要不回来，赔偿款就更不用说了，到时候能得到的可能只有一张胜诉的判决书。那么，作为律师，明知道会有这种结果，能不能在不告知这种风险的情况下进行代理？

从表面上看，代理这样的案件并无不当。我们甚至可以说，能不能执行判决是比较复杂的事情，现在还说不清楚，而且，那是执行阶段的问题。我们的职责是代理诉讼阶段，拿到了胜诉判决，已经很好地履行了律师的职责。这套说辞怎么样？至少能够自圆其说吧，当事人好像也找不出什么毛病。但我认为，这是不太道德的执业行为。

这种几乎可以预知和确定的法律风险，我们在谈案时应该明确告知当事人，告知之后当事人还要请我们代理，那就必须做好笔录，或者给当事人写一份风险告知书，用书面的形式再次提醒他，并保存好相关证据。

第五条　律师要有所为有所不为

首先，要量力而行，要根据自己的水平承接案件，特别是刑事案件。一定要承接自己能够控制的案件。有时候，我们要懂得知难而退。现在诉讼中的陷阱非常多，有时防不胜防，律师稍不注意可能轻则受到行政处罚，重则承担刑事责任。一些刚执业的律师，由于案子少，或是迫于生活压力，或是想尽可能多积累办案经验，什么案子都接。这个出发点是可以理解的，但我还是想提醒大家，一定要量力而行。

其次，当事人试图通过律师和法律手段，谋取不正当利益甚至非法利益的案件，绝对不能代理。有些年轻律师由于经验不足，可能一开始发现不了当事人真正的意图，所以，最好在委托合同中写明一旦发现什么样的情形就立即解除合同。

总之，做律师要从谈案开始就懂得保护自己，这也是我们要学会的第一个技能。

第六条　要能够实现当事人的真正需求

当事人的需求往往不是单一的，你要准确地判断出他的真正需求是什么。分析后，如果你认为能够帮助当事人实现他的真正需求，你就接受委托，否则最好放弃。就像前面讲过的涉嫌挪用资金罪的案件。

第七条　要提出有效的解决方案

提出有效解决方案的能力，是律师的核心技能。我们在第一章分析过，不能提出有效的解决方案是谈案失败的主要原因之一。当事人找律师是为了解决他的法律纠纷，所以，如果你不能提出让当事人满意的解决方案，当事人就不可能委托你。

有些律师提出的解决方案模棱两可，好像这样也行那样也成，这就不是有效的方案。方案可以有两个以上，但每个方案都必须是明确的。

第八条　要始终保持自信

心理学研究表明，自信本身就能产生很大的影响力。律师有信心，当事人才能有信心，当事人有了信心才能聘请你。这是众所周知的道理。

不过，律师自信必须是深层次的而不是表面上的。律师这种深层次的自信主要体现在，自己提出的解决方案足够专业有效且能够保障该方案顺利实施。

第九条　对当事人要表现出同理心

每个案件都是与当事人的情感联系在一起的，当事人想通过律师得到的，除事情的圆满解决之外，还有一个我们常常忽略的东西，那就是情感的宣泄。遇到有些当事人在谈案的时候情绪很不好时，我们要换位思考，给予充分的理解。在某些特殊的案件中这一点格外重要，如涉及家暴的案件。如果你对她的遭遇表现冷漠，她十之八九不会委托你。远离缺乏正义感和同理心的人，是人的本能，在纠纷中遭受折磨的当事人，对此更加敏感。

有时候，当事人搞不清楚解决问题的需求和情感的需求哪一个才是主要的。他们反复地说，要公平要正义，但实际上他们可能想要的是关爱。

第十条　要讲究策略和技巧

谈案是律师说服当事人的过程，而说服与被说服是一场微妙的心理博弈。因此，律师谈案的时候，要善于使用必要的策略和技巧，特别是商谈收费方案的时候。这方面本书将在第四章和第五章专门进行深入探讨。

第七节　谈案的十二个步骤

谈案的过程，一般由以下十二个步骤组成：

第一步：做谈案准备

律师在谈案之前需要做哪些准备呢？

1. 了解当事人的背景

要深入了解与当事人有关的背景，尤其是当事人为企业的时候。我们可以通过“天眼查”等平台了解企业的主要股东、注册资本、性质、规模、主营业务、年检是否正常、有多少纠纷案件等情况。

对于已经判决的案件要在中国裁判文书网上查看判决书，详细了解纠纷发生的原因、原告和被告、诉讼请求、判决结果、判决理由等情况。企业发生纠纷案件，可能反映出企业管理和经营出现了严重问题。我们不仅要从法律的角度分析案件，还要从管理的角度分析原因，这样才能与管理者进行有效的沟通。

深入了解当事人的背景十分重要，能够迅速拉近与当事人的距离，很容易一下子就点到当事人的要害。

2. 了解与本案有关的情况

尽可能多地了解与本案有关的情况，就能与当事人进行深入交流。

如果一个涉黑案件的犯罪嫌疑人家属要来咨询，你就要事先想办法了解一些该案的有关情况，包括该案发生的背景。比如，案件处于哪个阶段，办案机关和办案人员是谁，都涉嫌哪些罪名，还有多少同案犯被捕，他是主犯还是从犯，这个案件是如何启动的等。

律师对案件的情况了解得越多，就越能给当事人留下专业权威的印象。当事人会觉得，你是“法律江湖”中人，是个地地道道的业内人士。

3. 了解行业情况，掌握专业术语

我见过一位律师谈案，那是关于房地产买卖合同纠纷。当事人跟她说他们小区容积率太高，不符合合同约定。这是非常重要的信息，然而这位律师对此无动于衷。为什么呢？因为她根本就不知道什么叫容积率。如此不专业的律师，当事人怎么可能信任怎么可能花钱委托呢？

很多律师立志要做某领域的专业律师，每天学习这方面的法律法规和典型案例。这个想法很好，这样的学习也很有必要。然而，掌握了某方面的法律法规和典型案例，并不一定就能成为这方面的专业律师。你想要做某方面的专业律师，你首先要熟悉那个行业的整体情况，熟练运用那个行业的专业术语。也就是说，你得了解那个“江湖”，能够说“行话”。

谈案的时候也是如此。如果你想给当事人在某方面比较专业的印象，你就要事先了解那方面的行业情况，掌握那个行业的专业术语，而不是简单地看一下相关法条和案例。这是谈案前最基本的准备工作。

4. 检索可能适用的法律

找法，即找到适用于本案的法律，是案件分析的第一步。适用的法律是演绎推理的大前提，这个大前提错了，推理的结论就不可能正确。

不过，有一点需要注意的是，检索可能适用的法律，有时候要检索到部门规章。比如，在建设工程施工合同纠纷案件中，如果涉案合同可能存在必须进行招标但未招标的情形，那么，我们不仅要检索《民法典》、《建筑法》、《招标投标法》以及《最高人民法院关于审理建设工程施工合同纠纷案件适用法律问题的解释（一）》，还要检索国家发展和改革委员会颁布的《必须招标的工程项目规定》以及《必须招标的基础设施和公用事业项目范围规定》。因为这些部门规章更详细地规定了哪些项目属于必须招标的项目，这直接影响涉案合同是否有效。

有些律师之所以不能给当事人专业律师的印象，往往是因为他们掌握的知识只停留在法律法规层面，而没有深入部门规章和政策规定。许多行业的法律纠纷，比如建设工程和房地产行业法律纠纷，如果律师没有系统深入地了解部门规章和政策规定，就很难提出有效的解决方案。

5. 检索类似的案例

后面的章节里我们会讲到，用类案进行逻辑推理可能会产生错误的结论，因为类案作为大前提是不周延的。不过，在与当事人交流之前，先了解一下法院对类似案例的判决意见还是有一定用处的。但一定不要忘记，每个案件都有自己的特殊性，因此不要试图用类似案件与当事人的案件进行比较，然后参照类案的处理结果给当事人提供法律意见。

大多数青年律师在与当事人交流之前，类案检索和法律检索这两项准备工作做得都比较好，但是了解当事人、案件的背景、行业情况和掌握专业术语这几项准备工作通常都没有做或者做得不好。所以不能结合当事人的实际情况拿出有针对性的意见，往往给当事人一种生搬硬套的感觉。

现在，用这样的表面功夫越来越难以说服当事人。律师必须能够把学到的法律知识融入具体案件中，创造性地解决问题，而不是只做法律的搬运工。律师有没有能力只有一个标准，那就是他能不能创造性地运用法律解决问题。

第二步：会见当事人

这里所指的“会见”是广义的，指律师与当事人的直接交流，不单指刑事案件中会见犯罪嫌疑人、被告人。

会见是律师与当事人建立信任关系的前提，没有建立信任关系，签订委托合同就无从谈起。所以，建立信任关系是律师会见当事人的根本目的。

不过，对律师来说会见还有一个直接的目的，那就是通过了解和分析案情，判断当事人真正需要解决的问题，确定自己能否胜任，决定自己是否代理。这也是下面第三步到第六步我们要做的工作。

第三步：深入了解案情

律师必须深入了解案情，才能迅速发现案件的要害、准确判断当事人的真正需求，及时拿出有效的解决方案。

了解案情的方法主要有：

1. 要求当事人完整地陈述事件过程，有针对性地向当事人提问

当事人的陈述往往比较凌乱，而且不完整，所以，律师要善于通过提问，把事件的要点梳理出来。

因此，提问的内容和方式非常重要。这里有两个基本的原则：

第一，先听后问。首先要耐心地倾听，一定要听完之后再提问。

第二,一定要围绕当事人真正的需求进行提问。

以合同纠纷为例，你要询问合同的签订和履行过程，让当事人按照时间顺序详细陈述整个过程。要鼓励当事人畅所欲言，陈述有证据和没有证据的所有事实。在当事人陈述的过程中，你可以适当插话，让当事人说清楚细节，但此时不要提问，要把想到的问题记录下来。听完当事人的陈述后，你对案情的整体情况就有了大概的了解，对纠纷产生的原因和当事人的真正需求也有了基本的判断。这个时候，你就可以有针对性地提出问题，让当事人作出说明和解释。关于提出问题的方法，将在后面“谈案的细节”一章里详细阐述。

2. 仔细研究证据，全面深入地了解案情

当事人的陈述只是一面之词，不可全信。要想全面深入地了解案情，就必须仔细研究证据。这个证据不仅包括当事人自己手里的证

据，还包括对方提交的证据。对方提交的证据尤其重要，可以从中了解对方的诉求、理由和依据。

《孙子兵法》有云：“知己知彼，百战不殆；不知彼而知己，一胜一负；不知彼不知己，每战必败。”

通过听取当事人的陈述，以及对当事人进行必要的提问，做到初步的“知己”。然后，通过分析证据，了解对方的诉求和优劣势，做到初步的“知彼”。为什么说是初步呢？因为很多案件只有开庭之后才能了解全貌。

3. 进行必要的调查

调查包括调取物证和听取证人证言以及查看现场。这是为了进一步做到“知己知彼”。有些大的案件或法律项目，在与当事人会见之前做一些调查是非常必要的。当你说出连当事人自己都不十分清楚的情况，甚至拿出有关的证据时，当事人往往会对你产生由衷的敬意，之后的谈案就会变得比较顺利。

用各种方法全面、深入地了解案情，除了可以提高我们分析案件的透彻程度外，还可以避免过早地、轻率地对案件性质作出判断或提出解决方案。许多失败的例子告诉我们，律师过早地、轻率地下结论是谈案失败的一个重要原因。

其实，这是许多律师的通病，我也不例外。有时我们几乎是本能地犯这个毛病。

有一次，我跟两个朋友去拜访一位潜在的客户。她是某进出口商会的秘书长。她给我们讲了不少商会正在做的和将要做的事情，其中有两点内容引起了我的注意。

她说："那些阿拉伯国家对中国的商品需求非常大，但对中国的市场情况和法律环境了解得却非常少。而我们的出口企业，对他们这些国家的了解也同样很少，所以经常把钱投进去就拿不回来。"

这个商会是专门协调中国和阿拉伯国家的进出口贸易的，所以我当时想，他们应该很需要系统的法律服务。

于是，我建议道："我们可以签订一个战略合作协议，我们律师事务所专门组建一个小团队，在你们的平台上，针对进口商和出口商，建立尽职调查、协助谈判、签订和履行协议以及纠纷解决等一揽子法律服务的窗口，给外国进口商和中国出口企业提供法律方面的安全保障。"

我觉得这个建议很不错，但是秘书长听完后只是淡淡地笑了笑说："您的提议挺好，我们会考虑的。不过，现在我们急需要做的事情是搞个出口企业的培训班，给他们颁发'资格证书'，希望你们能派个懂阿拉伯国家法律的律师讲讲课。"

显然，他们想解决的是具体的小问题，而我却判断他们想聘请一个法律顾问团队，给国内外客户提供系统的法律保障。我的判断之所以出现如此大的偏差，主要是因为过早地下了结论，在还没有充分了解当事人的现状和真正需求的情况下，想当然地认为我应该提供什么样的服务。

第四步：解答当事人的咨询

实践中，在这个阶段律师通常讲程序方面的法律问题比较多，讲证据和事实等涉及实体方面的法律问题相对较少。这主要是基于策略的考虑，此时还没有到具体讲实体问题的时候，实体问题讲多了，当事人就有可能自己去做，不想再花钱请律师。

不过，还有一个重要的原因，那就是自我保护。此时，律师对案情往往了解得还不够全面，听到的只是一面之词，掌握的只是单方面的信息。所以，贸然对实体问题发表意见，在将来出现新的证据时容易陷入自相矛盾的窘境，而这必然会影响当事人对律师的评价。

我们要知道，当事人陈述的事实，由于记忆偏差或刻意隐瞒等原因，有可能是不确切不客观的。如果律师未能及时发现问题，基于错误的事实给出法律意见，很可能会带来严重的后果。

曾经有个在北京打工的外地女孩来律师事务所找我咨询。

她说："两年前，我在网上认识了一个小伙子，我们挺谈得来。熟悉之后，有一天他说，自己在做投资，买了一些即将在新三板上市的公司的股份，这个公司两年之内一定会上市，到时候至少能翻10倍。我问他是什么公司，他告知我公司名字后，我在网上查了一下，新三板挂牌企业里确实有这家公司，而这家公司的业务方向看起来还很符合国家的鼓励政策。于是，我也动了心，问他怎么买。他说，现在是辅导期，还不能在场内交易，只能从别的股东手里购买。我觉得这个人也不劝我买，挺靠谱，所以，我就求他给我弄点股份。后来有一天，他告诉我，他正在这家公司考察，跟公司的老板在一起，他可以让老板让出一点股份。我喜出望外，赶紧委托他办理此事。很快，他就把老板签字的合同给我寄了过来。我签完字发给他，并且往合同约定的账户里打了30万元。过了几天，我在新三板股东名册上发现了自己的名字。这样，我成了这家公司的股东。但我发现，自从我买了股份之后，这家公司的财务报表就开始出现一些异常情况。我打电话问他，他说公司经营一切正常，没有问题。我又打电话问老板，什么时候能上市，老板说正在申报之中。然而前几天我听到消息说，这个老板被抓了。我这才恍然大悟，原来他跟老板互相串通，以出售股份的名义骗走了我的钱，其实，他和老板都很清楚，这家公司早就不行了，不可能上市。”

“那么，你是想控告他们合谋诈骗？”我试探性地问她。

“我上公安局问了，他们说这是经济纠纷，不受理。”

“也不见得，可能是你没有提供必要的材料。”我观察着她的表情说。

她用异常疲惫的眼神望着我摇了摇头。

“好，那我们看看能不能通过诉讼来解决。我觉得我们有两个方案，一个是主张合同无效，一个是主张解除合同，目的都是让老板把钱退回来。”我开始给她讲可能的解决方案。

“但是，老板已经被抓起来了，告他的人应该很多。”她忧虑地说。

我恍然明白她的真实意图，我问她：“你是想让那个小伙子承担责任，是吧？”

女孩的眼睛顿时亮了起来，她兴奋地说：“没错，他在欺骗我。”

“怎么欺骗的呢？”

“他跟那个老板好像是亲戚，他明知道企业已经不行了，还让我从老板手里买股份，这不是欺骗吗？他难道不应该承担责任吗？”她义愤填膺地说。

“你跟他是否有过非常亲密的关系？”我突然问。

她的身体猛地抖了一下，然后垂下头没有回答。不一会儿，两行眼泪顺着她毫无血色的脸颊流淌下来。

“他好像没有逼迫你买这个股份，而且，你购买的所有手续都很合法。买完之后，你都能查到自己的名字在公司股东名册上，你已经是公司的正式股东了。”我的言外之意是，你并没有受骗，这一点你也知道。

她微微抽泣着沉默不语。

大家发现她陈述的事实中可能存在的错误了吗？她说的关于两年内上市的内容可能是她编造的，因为没有任何证据证明这一事实的存在。事实是，她可能爱上了这个小伙子，加上对一夜暴富的渴望，主动求他帮忙购买了这家公司的股份。但没想到，自己很快就被小伙子抛弃了，接着这家公司也不行了。所以，想从小伙子那里得到一些补偿，虽然她心里很清楚，在这件事里小伙子并没有任何过错。因此，如果律师只是根据她的陈述提供咨询，那很可能给出如何起诉或控告这个小伙子的方案，而这样的方案可能是完全错误的。

还有一个问题需要注意：当事人在咨询的时候，往往故意隐藏纠纷背后的某些事实，而这个事实才是真相。

有一个民间借贷案件，双方约定的利息非常高，月八分利，本金20万元，利息100万元，本息加起来120万元。被告找我咨询，问我这些利息是否合法。在交谈时我发现，每次提到本金的时候他总是把目光移开，不敢正视我。我觉得这里一定有问题，所以反复追问他为什么利息这么高还借钱，这笔钱究竟干什么用了。他最后说了实话。其实，这笔钱不是借款，是被告从原告处购买毒品的钱。这是非常敏感的事实，办理民事案件过程中发现了刑事犯罪线索，律师如果处理不当就会受到牵累。我劝他向法官说明真实的情况，劝他自首，他不同意。我便告诉他，我不能代理他的案件。

可见，咨询不是简单的事情，我们给出法律意见一定要慎之又慎。而谈案的过程中提供咨询，一定要先分析当事人如果委托你，这个案件你能不能做或想不想做，如果不能做或不想做，就应该明确表态，然后立刻结束会见。

第五步：观察当事人的反应，判断签约的可能性

有经验的律师，通过观察当事人咨询的问题以及律师解答后作出的反应，基本能够判断出当事人来找律师的目的是咨询还是委托。如果你判断当事人只是想搞清楚心中的一些疑问，而不是通过你来解决问题，那么，你应该尽快结束会见。

律师的时间是宝贵的，而且律师会见的目的是签约，所以咨询应该点到为止。我很认同律师应该经常去做法律援助，但在正常业务开拓中必须重视工作的效率，不能把精力浪费在毫无希望的客户身上。

律师必须是时间的有效管理者。

第六步：深入研究当事人的真正需求，判断自己能否胜任

如果你觉得当事人确实想委托律师，那么，你就要深入地研究当事人真正的需求是什么，即当事人通过律师想达到什么目的。找到这个问题的答案之后，你就要客观冷静地分析判断自己能不能解决当事人的问题，能不能满足当事人的需求。

这一步十分关键，它涉及两个大问题：一是准确判断当事人的真正需求；二是准确判断自己能否胜任。

前面我们讲过，当事人有时不知道自己真正的需求是什么，所以律师经常要帮助当事人把它梳理出来。可见，准确判断当事人的真正需求并非易事。不过，只要与当事人进行充分交流，我们还是能够搞清楚当事人想要的究竟是什么。

真正的难点在于我们对自己的判断上。当案源不足的时候，有些律师就认为先拿下订单再说，不懂可以看书，或是请教别人。律师是典型的学习型人才，其自学和领悟能力一般都比较强，通过看书或请教，有时确实可以办好自己并不熟悉的案件。

然而，如果在谈案的时候你心里毫无把握，你的表现就难免会有些不自然（如表现出夸张的自信），可能会在不知不觉中用空洞的保证来增加当事人的信任感。而当事人对律师讲的内容，特别是涉及关键问题的内容，通常都是牢记在心的。有的当事人甚至还偷偷地对谈

话进行录音或录像，准备待将来结果不好时，拿出来追究律师的责任。因此，律师必须量力而行，必须承办谈案时就有把握的法律事务。

有一个案件，我分析后感觉自己无法满足当事人的真正诉求，遂没有代理。

那是几年前的事情，沈阳的张某通过一个朋友找到我。她说，在十几年前认识一个有妇之夫李某，两人同居几个月，后来在她怀孕时李某回到总公司。当时，李某是北京某房地产集团公司派驻沈阳的经理。李某劝她打掉孩子但她没同意，自己生下孩子并把他养大，为此她一直没有结婚。现在，这个男孩已经上初中了，经常询问他的父亲是谁。她很苦闷，不知道应该怎么办。

“你想让他们父子相认吗？”我问。

“十几年了，他都没认这个孩子。”她气愤地说。

“他给过抚养费吗？”

“刚生孩子那两年，他断断续续给过几次，加起来不到1万元。后来，他把我的电话拉黑，不再理睬我了。”

“你是想要抚养费，是吧？”

“这不是他应该做的吗？”她反问道。

“如果确实是他孩子的话，你说得没错。你怎么证明他是孩子的父亲呢？”我尽可能用柔和的语气说。

“他给过孩子的抚养费，这个有银行的转账记录。”

“转账记录上写明了支付的是孩子抚养费吗？”

“没有，他写的是补偿费。”她的声音软了下来。

“补偿费？这在法律上很可能解释为是给你的补偿费，与孩子没有关系。”

“是，这我知道。”她颓丧地说，“前年，差点就做了亲子鉴定，我们在中国政法大学的司法鉴定中心做了登记，约好了一起去，我都带孩子到了北京，但最后他变卦了没来，据说是他的律师建议他不要做。”

“他现在做什么工作，你了解吗？”

“我知道，他在北京某房地产集团做投资总监。那公司里有我一个亲戚，所以我知道他一年的收入是多少。”

“多少啊？”

“这几年都是200万元左右，算年终奖金。法律上不是说，孩子的抚养费是收入的20%吗？”说到钱她兴奋起来了，刚才的沮丧烟消云散。

“现在起诉他，亲子鉴定是个问题。如果他不配合，法院也可能没有办法强行要求他做，因为你缺少初步的证据。”我这样解释后试探性地说，“过几年孩子就18周岁了，那个时候以孩子的名义起诉他或许更容易一些。”

她犹豫了片刻说：“我把孩子养这么大，难道他不应该对我进行补偿吗？”

原来如此！她真正的诉求与我最初的判断完全一致。她的真正诉求是，无论以抚养费的名义还是以补偿费的名义，反正她要得到一笔钱，她把自己的利益和儿子的利益已经作了区别。所以，我小心翼翼地说：“当然，应该给予一定补偿。不过，这是两个法律关系，是两回事。”

我觉得，这件事最好的解决方案是父子相认。这个孩子长相俊美，学习很好，对方见到之后应该会喜欢，所以我有信心说服他父子相认。而他只要认了这个孩子，财产问题就会迎刃而解。

然而，她对这个方案不感兴趣。她担心这么做后，自己不仅得不到多少钱，还可能失去亲手养大的孩子。我理解她的忧虑，但是，我觉得以目前的证据，很难帮助她实现其真正的诉求。也许是因为这方面我不太专业，没有信心办好这个案件，而这个案件又涉及孤儿寡母，责任比较大，所以即使她表达出很希望我来办理这个案件，我也婉言拒绝了她的请求。

第七步：给当事人分析案件

如果你认为自己已经充分了解当事人的真正需求，准确把握案件的要害，完全可以把案件办好，那么，你就应该对案件的实体和程序问题进行分析，让当事人感觉到你出众的专业能力。这一步的分析，在某些方面可以比较深入但不要面面俱到。

我刚执业的时候经常犯一个毛病，那就是分析得过于详细。有时候分析得不一定很到位，但由于分析很全面，聪明的当事人就会从中整理出要点，知道应该怎么做，所以不再花钱请律师。

后来，我在实践中总结出一些经验，概括为“案件分析四点原则”：

第一个原则：案件性质一定要讲清楚

案件性质就是案件的法律关系，这是案件的要害。定性是否准确，是判断律师水平高低的重要标准。比如，在企业间买卖合同纠纷案件中，常有名为买卖实为借贷的案件，如果定性错误，那么，提出的诉讼请求就不可能正确。定性是方向性的问题，所以，律师在谈案时一定要明确地指出来，否则，你讲得再多也没有任何意义。

第二个原则：解决问题需要走的法律程序要尽可能多讲

有些法律程序是比较复杂的，你要讲出它的复杂性，让当事人意识到这件事靠自己很难完成。但是，复杂不等于混乱，给人感觉混乱是因为讲得缺乏逻辑，而讲话有逻辑是律师的基本素质。

第三个原则：实体问题要尽可能简单讲

谈案的时候，我们不要谈太多实体问题，因为这个时候我们了解的事实、看到的证据都是不全面的，所以，我们对实体问题的看法不一定准确。我们的错误观点一旦被当事人牢记在心，想把它纠正过来就相当困难。

第四个原则：分析阶段不讲解决方案

除非是老客户或者朋友介绍的案件，不要把案件分析和解决方案一起讲出来。很多律师分析完案情和证据，马上就讲出解决的方案，这样的咨询听起来比较顺畅和完整，但对律师来说却不是聪明之举。谈案必须有策略，其中一个基本的策略就是，要在不同的阶段讲不同的内容，一步步推进，因为谈案的每个阶段都有自己的任务。

第八步：根据当事人的反应，决定是否继续谈下去

你对案件进行分析之后，当事人往往会作出一些反应，比如提出不同看法与你讨论，或者提出更多的问题请你解答等。经过这样的交流，你就可以发现，当事人是否认可你的分析。

如果当事人认可你的分析，说明你与当事人产生了共鸣，这时候你就应该继续往前走，提出初步的解决方案。

如果当事人对你的分析不置可否或无动于衷，你就应该考虑结束

谈案。

有时候，当事人对你的分析没有立即作出评价，说要回去跟家人商量，这个时候也没必要继续，因为这个当事人要么没有主见，要么没有决定权，要么对你的分析不感兴趣。律师不能把宝贵的时间用在这样的交流上。

第九步：拿出初步的解决方案

有些律师，了解基本案情和当事人的诉求之后马上就说，你这个案件应该怎么怎么办。这是相当危险的做法，很容易给当事人一种轻率的印象。事实上，即使你是经验丰富的老律师，此时给出的处理意见或解决方案可能也会不成熟。

从谈案策略的角度讲，解决方案应该在案件分析得到当事人的共鸣和认可，看到当事人有签约的意向后提出来。

毕竟解决方案最能体现律师的智慧、能力和创造性，我们要珍惜自己的智力成果。解决方案也是谈案时律师的“撒手锏”，不到关键时刻绝不能亮出来。

第十步：说服当事人采纳解决方案

谈案进入这个阶段，律师已经付出很多，所以，必须坚定不移地向签约目标边进。为此，你要全力以赴说服当事人采纳你提出的解决方案。如果当事人有疑虑或不同意见，你要进行必要的解释，或者对方案进行必要的调整。总之，要努力说服当事人接受解决方案，不能轻易放弃。

如果当事人一时拿不定主意（这种情形比较普遍），要给他必要的时间。但是这个时间不能太长，你要用适当的方式让当事人尽快给你答复。这个“适当的方式”，要从案件本身寻找，比如提醒当事人如果不尽快采取行动，可能会产生哪些后果。

第十一步：提出收费方案，并说服当事人接受

前面的十个步骤，很大程度上是为这一步做铺垫。所以我反复讲，谈案与咨询完全不同，谈案是为了签订合同。

律师费问题最好是让当事人先提出来。如果当事人迟迟不提，那就说明他还没有决定与你签约，或者他在权衡法律方案和其他方案之间的优劣。

遇到这种情况我们应该怎么办？我们连解决方案都给他了，如果此时当事人起身离去我们岂不是前功尽弃？可我们又不能逼迫当事人签约。这的确是个难题，很多谈案在这个阶段戛然而止，于是谈案就变成了咨询。

一个有效的方法是，简单重复与当事人产生共鸣的或者当事人认可的解决方案，暗示你的解决方案最有可能让他的利益最大化，并强调他的事情除了法律手段没有更好的解决方法。然后，果断而又自然

地抛出精心准备的收费方案。

如果你是普通的律师，收费方案制定得如何会直接影响谈案的成败，所以这是谈案中最核心的问题。你一定要根据当事人和案件的具体情况，拿出既坚持原则又比较灵活的收费方案。原则是为了防止当事人像买衣服一样讨价还价，灵活是为了满足当事人的消费心理。

律师费对大多数当事人来说是大额消费，不是轻易就能决定的。当事人往往要回到家里，进行反复斟酌，包括听取亲友们的意见。因此，谈律师费不能操之过急。

不过，有一点要时刻记住：我们要对自己的分析和方案充满信心，这样才能谈出比较合理的律师费。

关于制定收费方案的方法，在后面的章节里我们将进行详细探讨。

第十二步：签订委托代理合同，收取律师费

通常情况下，当你分析完案件并提出初步的解决方案后，若当事人认可就会有强烈的意愿委托你，这个时候如果你的收费方案也让他满意，或者双方经过进一步协商达成一致，他就可能想立即签订合同。因此，谈案的时候，你最好准备好代理合同的文本。

我们要明白，签约和收费是两回事，完全可以分开。我们可以在

合同中约定，签约的时候支付多少定金或律师费，然后在什么时间支付剩余的律师费。这么做的主要目的是，把谈案的成果尽快固定下来，避免节外生枝。

以上就是谈案的整个过程，我们简单回顾一下：

第一步：做谈案准备

第二步：会见当事人

第三步：深入了解案情

第四步：解答当事人的咨询

第五步：观察当事人的反应，判断签约的可能性

第六步：深入研究当事人的真正需求，判断自己能否胜任

第七步：给当事人分析案件

第八步：根据当事人的反应，决定是否继续谈下去

第九步：拿出初步的解决方案

第十步：说服当事人采纳解决方案

第十一步：提出收费方案，并说服当事人接受

第十二步：签订委托代理合同，收取律师费

谈案的这十二个步骤，从大的方面可以分为四个阶段：

第一阶段：案件分析。包括了解案情和提供咨询，即做谈案准

备、会见、调查、阅读证据材料、解答当事人的咨询、发现当事人的真正需求、判断案件的要害、分析当事人的签约可能性等。

第二阶段：拿出初步的解决方案，并说服当事人采纳。

第三阶段：提出收费方案，并说服当事人接受。

第四阶段：签订委托代理合同。

在谈案过程中，有些具体步骤可以合并，但这四个阶段应该分开，因为每个阶段都有自己明确的任务。

第八节　当事人的决策风险

如前所述，谈案主要分四个阶段：案件分析、拿出解决方案、提出收费方案、签订委托代理合同。对于当事人来说，这四个阶段都很关键，因为每个阶段当事人都需要作出重要的决策，而每一项决策都充满风险。

1. 案件分析阶段

在这个阶段，律师要对案件进行定性，定性关系到案件的走向和结果，是具有方向性的大问题。比如，在故意伤害案件中，律师认为当事人的行为属于正当防卫，不构成犯罪。这时，作为当事人就要进行决策：我是否同意律师的分析。如果同意，律师就会做无罪辩护。而一旦做无罪辩护，当事人就会失去认罪认罚得到从宽处理的机会。

这并非容易作出的决策，而当事人作出什么样的选择，需要承受的风险往往存在很大的差别。

2. 拿出解决方案阶段

在这个阶段，当事人需要作两个决策：

（1）在法律方案和非法律方案之间作出选择。比如，当事人可以选择诉讼或控告，也可以选择和解或等待（不作为）。

（2）在不同的法律方案之间作出选择。比如，在买卖合同纠纷案件中，有的律师提出应该主张合同无效，而有的律师则认为，应该主张解除合同。

这两个决策产生的风险都是比较大的。

首先，如果当事人选择了非法律方案，有可能失去用法律方案解决纠纷的最佳时机。这种情况比比皆是。很多时候和解是一种拖延战术。但是，如果能够通过和解解决的纠纷，当事人却提起了诉讼，那就会导致双方的关系彻底决裂，对方必然全力以赴甚至不择手段地应对和反击，当事人可能会陷入持久战，最终身心俱疲、进退两难。

其次，如果当事人选择了法律方案，就要进行再一次的选择，即采用哪一种法律方案。以前面所讲的买卖合同纠纷案件为例，是选择合同无效方案还是合同解除方案，这与当事人的利益紧密相关，因为合同无效和解除合同产生的法律后果迥然不同，因此具体的诉讼请求和请求权基础也不一样。

3. 提出收费方案阶段

进入这个阶段就说明，当事人已经认可律师的案件分析，同意采纳律师提出的解决方案，并愿意承担由此产生的风险。

此时，当事人又必须作出一项重要的决策：是否接受律师提出的收费方案或律师费。

这需要评估，哪怕是简单的评估。具体评估什么呢？评估律师的专业能力和律师提出的解决方案的价值，特别是后者。其实，律师提出的解决方案，是律师专业能力的集中体现。当事人往往通过律师提出的解决方案评价其专业能力。

那么，如何评估呢？当事人一般都用比较分析法进行评估。

现在的法律咨询非常方便，所以发生纠纷后，当事人大多咨询过两个以上的律师。加上自己在网上查看有关案例或学习有关知识，不少当事人对自己的案件和相关法律规定已经有了比较深入的了解。所以，当事人对律师的专业能力和律师提出的解决方案有一定的判断能力。

因此，通常情况下，当事人在选择律师时，首先会对每个律师在分析案件时表现出来的专业能力进行比较和评价。然后再对每个律师提出的解决方案进行比较分析。如果当事人认为，A 律师的专业能力相对更好，解决方案也更为可行或更令人满意，那就开始研究 A 律师的收费方案。

此前，当事人对A律师解决方案的评价，是对其方案可行性的评价。现在当事人要做的是，对A律师的解决方案进行价值评价，即评判A律师的解决方案是否值那些律师费。

进行这种价值评价之后，当事人就要作出决策：我是否愿意为A律师的解决方案支付这些律师费。

这个决策的风险在于，支付的费用和预期的结果可能很不匹配。当事人愿意为A律师的专业能力和解决方案支付比较高的律师费，是因为他觉得这个解决方案能够使他的利益最大化。但由于此时律师并没有掌握所有的证据，尤其是对方手里的证据，因此，当下解决方案只能是初步的解决方案，以后很可能根据案情的发展进行必要的调整甚至完全改变方案。而一旦由于出现新的证据改变解决方案，那么，当事人基于对原先解决方案的信任支付的律师费，可能就会显得不合理。而这个时候，当事人很难提出下调律师费的要求，律师通常也不会同意，因为这个责任不在律师。

还有一种情况是，当事人虽然觉得A律师的解决方案很不错，但因A律师的收费太高而选择了B律师。如果当事人对B律师的能力半信半疑，对其提出的解决方案也不十分满意，只是因为B律师的报价很低所以选择了他，那么，当事人这个决策的风险就非常大，当事人很可能会永远失去胜诉的机会。

在司法实践中，法律方案一旦实施，往往会产生不可逆的后果。

比如，当事人在一审中由于没有提出必要的主张和相应的证据而败诉，此时再想通过二审或再审将其扭转过来几乎是不可能的。我见过不少这样的案例。这有点像找医生看病，医生一旦诊断错误，做了不该做的手术，那么，这个病人很可能就此彻底失去了治好的机会。

可见，对当事人来说，无论接受什么样的收费方案都存在很大的风险。

4. 签订委托代理合同阶段

很多当事人与律师商定律师费之后，在签订委托代理合同的时候经常犹豫不决。

当事人究竟在担心什么？我曾问过几个当事人，他们说，这个时候最担心的不是律师的专业能力，而是律师的人品和职业道德。

在谈案的整个过程中，当事人通过律师的言谈举止对其已经有了整体上的评价，同意律师提出的收费方案本身也表示对律师的为人和职业道德有所认可。但是，当事人对律师毕竟缺乏深入的了解，而整个办案过程又完全被律师掌控，所以，当事人非常担心律师忽悠他、糊弄他，只做漂亮的表面文章，却不会为他的利益全力以赴。

坦率地说，这个风险确实存在。有一些律师讲得头头是道，但是做得很不到位，这也是律师和当事人之间发生冲突的主要原因之一。

在谈案的时候，无法对律师进行准确的整体评价，是当事人最大的风险。

综上，在谈案的每个阶段，当事人都需要作出重要的决策。然而，由于各种原因，当事人在决策的时候往往处于两难的境地。作为律师，我们只有真正理解并准确把握当事人的这种两难处境，才能减少当事人的忧虑，增加当事人的信心，让当事人心甘情愿地接受我们提出的解决方案和收费方案。这才是有效的说服。

第三章

谈案的细节

每件事情都有它的细节，如果不注意细节，就不会有任何成功。

美国作家　马克·吐温

在谈案中，律师表现出来的细节，主要影响的是当事人对律师的整体评价，而整体评价会影响当事人对律师的信心和信任度，最终影响谈案的成败。

第一节　谈案时职业理念起关键作用

职业理念也可以叫职业观，是一个人对自己所从事的职业之价值和意义的基本看法，以及对自己角色的定位。

那么，一个律师的职业理念是什么呢？认真回答以下几个问题，就可以得出答案：

律师是做什么的？

律师的使命是什么？

律师职业的价值和意义在哪里？

我为什么要做律师？

我要做什么样的律师？

我发现，律师的职业理念，往往表现在律师面对案件时的勇气和态度上，而勇气和态度又往往表现在谈案的细节里，敏感的当事人会通过这些细节对律师进行评价，从而判断是否进行委托。

一、勇气

丘吉尔曾说：“勇气是人类最重要的特质，倘若有了勇气，人类其他特质自然也就具备了。”

这句话用在律师身上尤为贴切。应当说，做律师首先需要的品质就是勇气。有了真正的勇气，你就有为蒙冤二十年当事人洗脱罪名的前行动力，给无辜者带去重生的希望；有了真正的勇气，你就可以为新的立法提供真实的参考案例，为建设法治社会贡献自己的力量。

然而遗憾的是，律师行业里天资聪颖的人比比皆是，但真正有勇气的人却凤毛麟角。也许，聪明会削减一个人的勇气，让人过于谨慎止步不前。

真正的勇气不是来自聪明而是来自强大的灵魂，正如戴尔·卡内基所说“勇气是衡量灵魂大小的标准”。

我有时给年轻律师们推荐一些我认为的好书，比如艾伦·德肖维茨的《最好的辩护》、昆汀·雷诺兹的《失控审判庭》、厄尔·斯坦利·加德纳的《梅森探案集》，还有国内一些大律师写的办案纪实。为什么我喜欢推荐这几本书呢？因为翻开这些书你会感觉到，办案律师那独特的人格魅力扑面而来：是为当事人利益披荆斩棘的职业精神，是在不公正的强权面前毫不退缩的勇气。我希望他们通过阅读这些大律师们的办案故事，在执业之初就确立正确的、能够成就大事的职业理念。

但我经常感觉到，自己这种美好的想法似乎是一厢情愿。有些律师读完这些书，丝毫没有从中受到我所希望的那种启发。他们的关注点在“别处”，而从这个“别处”里，我看到的是与作者完全相反的职业理念。

曾经有位律师朋友喝酒的时候跟我说：“我刚看完您推荐的那本律师手记。我看书里的有些案子好像挺简单，他的‘撒手锏’无非就是管辖、回避、排非（排除非法证据），还有控告什么的，玩的都是程序。那些无罪的结果都是不顾一切拼出来的。”言外之意就是，这位知名刑辩律师的专业水平比较一般，他之所以成功只是因为他敢于挑战。

我心中有些怅然，苦笑着凝视他，没有说话。

他可能从我的目光中意识到自己言语的肤浅，低下头把一块红焖肉放进嘴里。

过了一会儿，我用柔和的语气问他：“书里的那些案件，大都不那么复杂，是吧？”

他抬头看我一眼，点点头。

“那你这些年，也应该遇到过类似的案件吧？”

“是啊，差不多五年前吧，有个嫌疑人家属咨询我一个案子，跟书里讲的一个案件差不多。那时候，这类案件还没有引起法律界的重视。”他放下筷子略带兴奋地说。

“那，你代理了吗？”

“没有。我发现这个案子不太好打，当地办案机关投入很大力量，显然是志在必得。而且，这个案子还涉及刑讯逼供、跨省抓人等敏感问题。没必要啊，为了这点钱。”他说着摇了摇头。

我望着他浑身透着聪明劲儿的神情，心里想：也许这就是你始终碌碌无为的根本原因吧。

他的这几句话充分反映了他的职业理念，律师应该善于保护自己。但这不等于凡是难啃的“骨头”、凡是敏感的案件都要回避，如果那样的话，律师这个职业就没有存在的必要。其实，他的根本问题就是过于聪明，缺乏律师最基本的品质——勇气。

作为律师，我们经常要面对各种强大的力量，如果你没有勇气拿起法律的武器，为当事人的利益竭尽全力，那么，当事人就不可能选择你。

据我观察，当事人选择律师的时候，专业性往往不是最主要的，因为现在同质化现象非常严重，对非法律专业的当事人而言，有时很难判断哪个律师更专业。但是，当事人心里很清楚哪个律师更有勇气承接他的案件，能够为他的案件敢于说话、敢于坚持、敢于挑战。

许多事实证明，一个律师只要有足够的勇气，他就可以办好看似特别难办的案件。所以我始终认为，勇气是律师的首要品质。以律师为主人公的著名小说《杀死一只知更鸟》，讲的就是关于勇气和正义的故事。没有勇气，维护正义只是空谈。

二、态度

在谈案的时候，如果你对案件的分析很到位，解决方案很适合，也表现出了很强的办案能力，这个时候当事人最担心的是什么呢？是担心你提出很高的律师费吗？经济困难的当事人也许会担心，律师费低了你可能不会代理。然而，大部分当事人在找律师的时候，心里对律师费已经有所预期，他们愿意根据律师的水平支付相应的费用。所以，此时他们最担心的是，你会不会为他的案件竭尽全力。这一点我在前面也讲过。

一个律师是不是为当事人的案件竭尽全力，这是工作态度问题，也是责任感的问题。据我观察，许多律师在办案时并没有拿出所有的办法、使出所有的力量，他们经常是点到为止或者适可而止。有的律师在法庭上慷慨陈词，庭后提交的代理词也是洋洋洒洒几千几万字，在必要的法律程序上更是没有遗漏，让当事人无话可说，甚至对律师十分感激。

然而，业内人一看就明白（当然他自己心里更清楚），他并没有较真儿，也没有下真功夫。比如，明知道法官的有些决定剥夺了当事人的诉讼权利，但律师只是轻描淡写地提一句甚至干脆视而不见；再如，案件的某个关键事实需要律师去现场调查取证，但由于路途遥远等没有去。总之，凡是感觉比较麻烦的或者有所挑战的地方都极其聪明地回避掉，因为那不仅需要付出大量精力，而且还可能存在执业风险。

无数的事实反复证明，仅靠表面文章根本解决不了问题。在很多案件中，代理律师必须竭尽所能，否则难以取得好的结果。

而对当事人来说，聘请律师最大的担忧就在于此。如何解决这个问题呢？当事人是法律的“门外汉”，很难看出律师是否真正尽职。那么，律师协会能不能监督？也不容易。因为这样的律师，该做的工作似乎都做了，很难找到违法违约之处。他们只是没有全力以赴而已，况且律师服务又没有明确的标准。

所以我始终认为，律师工作是良心活。一个律师的工作态度，不仅体现他的职业理念，还体现他的道德修养。因此，有人说“态度决定一切”。

不过，现在的当事人越来越精明。他们一般会咨询几个律师，然后比较这些律师在谈案时的具体表现，从中选择自己认为最有责任感的律师。

我接待过一个当事人，印象特别深刻。她大约30岁，身材粗壮、皮肤黝黑、声如洪钟。

她昂首挺胸走进我的办公室，直截了当地说：“我老公跟别人好了，从家里拿走500万元给那个妖精买了套房子。我想起诉，把房子要回来。”

我抬头望着她，她看起来是那么高大，让我顿时感觉自身有些渺小。我勉强挤出一丝微笑问：“你手里有哪些证据？”

“证据？”她用鼓出来的眼珠瞪着我说，“证据不是你们律师调查的吗？”

我用手示意让她坐下，然后问：“那你有什么线索吗？”

“线索有。”她打开手机，给我看聊天记录的截屏，“我老公跟那个妖精每天晚上都打情骂俏。”

我大概看了一下，没有关于房子的聊天记录。我说：“他们之间也没谈到给她买房子的事情啊。”

“原来有，被他删了。”她一屁股坐在椅子上嘟嘟囔囔地说，椅子似乎都在与她唱和发出吱吱嘎嘎的响声。

“那500万元原来在哪儿？是你们的存款吗？”我问。

“那是我老家的拆迁补偿款，本来在我的名下存着，后来被他拿走了。他跟我说要在燕郊买套房子，我觉得也挺好，同意了，没想到他用这个钱给那个妖精买房子了。”

“你怎么知道他用这个钱给她买房子了？他自己承认的？”我问。

“那不是明摆着吗。”她轻蔑地哼了一声，“他说那个钱在网上赌博输光了。当我是傻子啊！”

“他买的那套房子，你知道具体的地址吗？”

“要是告诉你你敢去吗？”她打量着我的身材用质疑的语气问。

我冷冷地看了她几秒，说：“有什么不敢去的，也不是龙潭虎穴。不去现场看怎么知道房子的具体情况？”

“我老公能有一米九，他一拳就能把你打扁。”她嘿嘿笑着说。

她的声音和笑容都让我感到很不舒服，我决定结束谈话，所以几乎是用严厉的语气对她说：“我不管他是什么人。你如果委托我来办这个案子，那我首先要做一些调查，收集必要的证据。你可能需要准备一笔相当可观的律师费。”

她看我如此严肃便收起了笑容，然后若有所思地自言自语似的说："律师费你不用担心。看来，这件事不能交给他们了。"

他们？我用询问的眼神望着她。

"吴律师，是这样。"她的声音突然变得异常温柔，"我这些天谈过两个律师，我感觉他们的水平还不错，但是，他们俩都让我自己去做这个调查，让我自己去找有关的证据。特别是我告诉他们，我老公身材魁梧有暴力倾向之后，他们俩都表示，这个案件现在起诉证据明显不足，让我先找找证据。我看他们这个态度，即使给他们证据，他们也不会真正去干，不会为我的利益全力以赴，我就怕这个。我没有太多的钱，但律师费我还是拿得出来的。"

这个例子说明，有些当事人并不计较律师费，他们担心的是，律师不敢碰硬，敷衍了事。因为他们很清楚，如果律师不竭尽全力，就不可能打赢他们的官司。而他们能够依靠的只有律师，所以，他们选择律师的时候，主要考虑的就是律师的办案态度。

总之，勇气和态度等职业理念，在谈案时往往起着关键的作用。当事人通常根据律师在谈案时表现出来的职业理念，对律师的人品和能力进行综合性的评价，然后得出结论是否应该信任。当事人只有对律师产生了信任感，才能进一步考虑是否进行委托。

第二节　谈案时如何向当事人提问

谈案的时候，律师有个重要的任务：通过询问当事人，了解案件的基本情况以及当事人的真正诉求。

以合同纠纷为例，询问的内容主要包括以下五个方面：

（1）合同签订和履行情况。

（2）纠纷产生的原因以及目前双方交涉的情况。

（3）我方和对方手里的证据。

（4）对方的诉求和态度。

（5）我方的诉求和底线。

为了了解案件的真实情况以及当事人的真正诉求，我们在询问当事人时一定要注意提问的方式。

律师提问的问题主要分两种：一种是开放式问题，比如请你讲一讲合同签订的过程。另一种是封闭式问题，比如合同是什么时间在哪儿签订的？

谈案的时候，律师应该先提出开放式问题，从整体上了解案情。然后，根据了解的情况以及自己整理的要点，再提出有针对性的封闭式问题，以掌握关键事实和纠纷产生的原因。通过这样两种方式的询问后，再仔细阅读证据材料，就可以比较全面深入地掌握案情，为下一步制定诉讼策略、提出解决方案奠定必要的基础。

一、如何提出开放式问题

提出开放式问题的时候，我们要注意控制节奏，不能让当事人没完没了地讲。

现在很多咨询都是免费的，所以有些当事人经常把律师当作发泄情绪的对象，如果不打断他，他可能会讲一天。虽然律师谈案的时候要有耐心，要让当事人讲清楚与案件有关的情况，但我们的时间是有限的，因此要通过适当的方法引导当事人，尽可能简明扼要地讲述事情的原委。

根据我的经验，一个有效的方法是：把一个大问题，分成若干个小问题，当事人每讲完一个小问题就打断他，帮他进行简单的梳理，然后让他继续讲下一个小问题，直到把这个大问题讲完。这样既有助于当事人整理思绪，也有助于我们了解案情，找出重点和疑点。

举个例子：

“商品房买卖合同是怎么签订的”这是个大问题，我们可以把它分成以下三个小问题：

（1）你是怎么想到要买这个楼盘的？请你讲一讲选择这个楼盘的细节。

这个问题可能会引出一个重要事实——开发商售楼时有没有进行虚假宣传，如果有，那就可能成为我们诉讼中的突破口。这种情况比较常见。

（2）签订合同前，开发商的售楼人员是怎么跟你说的？请你讲一讲你跟售楼人员就购买这套房屋进行沟通的具体情况。

当事人在讲述这方面内容时我们可能会发现，售楼人员承诺的内容非常重要，比如附赠地下室、一楼花园、顶层阳台等，但这个承诺没有写进合同文本里。这就涉及售楼人员的承诺是否明确、具体，能否认定为要约进而认定为合同内容，这一点在诉讼中相当关键。

（3）请你讲一讲合同签订现场的具体情况。

从签约现场的情况，我们有可能会发现两个问题：一是为什么售楼人员的承诺没有写进合同里；二是在合同空白处填写的内容是否构成格式条款。

前面讲过，售楼人员的承诺如果明确、具体就可能构成要约，从而成为合同内容，所以非常重要。

而合同空白处的填写内容一旦被认定为格式条款，则买受人可以按照《民法典》第496条的规定，主张该条款不成为合同内容。所以，“格式条款法则”往往是商品房买受人的护身符。

我曾在一家大型房地产企业负责法务系统工作，当时带领集团公司和下属企业的法务人员研究制定了《商品房买卖合同（示范文本）》的填写规范，比较清楚那些合同条款的空白处是如何填写的，这里有许多文章。

总之，在提出开放式问题时，如果把大问题分解为若干个小问题，我们就能更清晰地了解案情的细节，更容易发现其中隐藏的重要事实，还能防止当事人没有重点漫无边际地讲个没完。

另外，大家也能感觉到，即使是开放式问题，律师也要精心设计，提出每一个问题都要有明确的目的，不能随意提问。有的律师都没有搞清楚基本事实，主要是因为没有掌握提出问题的方法。

律师在谈案的时候，提出问题往往比解答问题更加重要。

二、如何提出封闭式问题

我们提出封闭式问题的目的主要有两个：

第一，准确地了解关键事实。这关键事实包括：与案件性质有关的事实，与一方可能违约或侵权有关的事实，对一方极为有利或不利的事实等。

第二，初步确定案件性质，即双方当事人之间的法律关系。

为了提出有效的问题，律师在提出封闭式问题之前，应该先看一遍当事人手里的证据。

有些律师在提出封闭式问题的时候，习惯一边听当事人介绍情况，一边看诉状和证据材料。我以前也常这样做，但后来发现这种方式比较危险，很容易忽略当事人讲述的但书面材料里没有的事实，而这个事实往往十分重要。有科学家指出，我们同时进行“看”和“听”的动作时，注意力大部分会集中在“看”上，因为视网膜不仅是眼睛的一部分，它也是神经系统的一部分。

因此，我建议大家，在提出封闭式问题时不要看书面材料，要专心聆听当事人的陈述，并把重要的内容记录下来。然后，对照当事人的陈述，迅速看一遍书面材料，找出需要进一步确认的关键事实。这个时候，你就可以有针对性地提出封闭式问题，通过封闭式问题初步锁定关键事实，确定案件性质，了解当事人的真正诉求。

因此，提问是发现的过程，或者说提问是为了发现。

下面，我们通过一个案例探讨应该如何提出封闭式问题。

有一天，张某到我办公室咨询，他是我朋友汪老师的同事。

他说：“我三年前买了一套房子，当时就付清了购房款，但是对方迟迟不交付房屋，所以想起诉，要求他交付房屋、办理过户手续。”

我马上提出一个开放式问题：“您详细讲一讲购买这套房子的整个过程。”

他说：“大概三年前，我通过朋友认识做进出口生意的李经理，李经理说公司现在资金周转有点困难，想把位于北京四惠地铁站附近的一套房子低价处理，问我有没有意向。我当时手里有点闲钱正想投资，我看房子位置不错，价格也挺便宜，于是决定购买。我们签订了《购房协议书》。那套房子建筑面积120平方米，电梯楼8层，成交价是360万元。但是签订协议后，他总是以各种理由不交付房屋，我至今都没能入住。我觉得不能再等了，必须采取法律措施。我听汪老师说，您是房地产方面的专业律师，所以今天来找您，想请您给分析一下，这件事应该怎么办。”

我问他：“有没有带来《购房协议书》？”

他从皮包里拿出折叠在一起的几张纸递给我。

我打开一看，里面有一张《购房协议书》、一张《收条》、一张盖有印章的《中国建设银行个人活期账户交易明细》。

我说：“您先喝点茶，我看一下这些材料。”

他点点头，端起了茶杯。

我开始看证据材料。《中国建设银行个人活期账户交易明细》

显示，他于签约当天将360万元购房款分五次转给李经理。李经理出具《收条》:“现收到张某的购房款三百六十万元整，小写3, 600, 000元。”这两份证据一目了然，没有什么可分析的。

第三份证据是《购房协议书》。我惊讶地发现，《购房协议书》的内容极其简单，除买卖双方的姓名和身份证号之外，只有房屋坐落位置、面积、楼层、成交金额以及付款方式。《购房协议书》里没有提到何时交付房屋以及何时办理过户登记等对买房人最为重要的事项。

我心里顿时产生一个疑问：这是为什么呢?《购房协议书》里对交付房屋和过户登记没有约定，那么，他们签订这份《购房协议书》是不是别有企图？他们之间真实的法律关系应该是什么呢？会不会是名为买卖实为借贷？我马上把这个疑点记在笔记本上。

顺便说一下，会见当事人的时候，律师一定要带着比较好的签字笔和记事本。当你优雅地翻开深色的记事本，拿起高档的签字笔，专注地记录要点时，这些动作本身就很容易让当事人肃然起敬。当然，你要把握好度千万不能做作，否则就适得其反了。

好，现在我该提出封闭式问题了。

我的视线离开记事本，缓缓抬起头，微笑着凝视他。

他从我的目光中似乎感觉到了什么，放下茶杯有些紧张地问：

“吴律师，有什么问题吗？”

“问题好像不小啊。”由于他是朋友介绍来的，而且年龄相仿，所以我半开玩笑地说。

“哦？”他身体前倾拿出受教的姿势。

“我想，您自己也应该清楚问题出在什么地方，咱们一起梳理一下。”我收起笑容说。

“好，您说。”

“你们在《购房协议书》里约定了支付购房款的时间和方式，但是没有约定交付房屋的时间，是不是这样？”

他沉吟了片刻，说：“是，没写交付房屋的时间，因为当时他还需要继续用一段时间，无法确定具体的交付日期。”

我觉得他在说谎，所以沉下脸注视着他的眼睛问：“产权过户登记的时间也没有在《购房协议书》里约定，是吧？”

他拿起茶杯喝了一口，低着头说：“对。那是因为他爱人在国外，也不确定什么时候能回来，当时没法约定。”

“那后来，你们有没有就这方面签订补充协议？”我紧追不舍。

“没有。因为觉得没那个必要。”他躲开我的眼神说。

“那么，这些年你们就这个问题达成过一致吗？”

“有，他说很快就能腾房，说腾房后就办理过户手续，说过好几次。”

“这是通过什么方式协商的？有微信记录吗？”

“没，没有，有两次是见面谈的，有一次是电话谈的。”他闪烁其词地说。

“有录音吗？”

“没有，都是朋友，我觉得没那个必要。”

“四惠地铁站附近的房子，你们签约时的房价应该不会那么低吧？你们的成交价好像比市场价低很多。”

“朋友介绍的，加上他急于用钱。”

“你买的这个房子的产权证，是上个月才发下来的吧？”

“是。开发商一直不给办。”

通过以上几个问题，我已经基本搞清楚这件事，搞清楚他们之间真实的法律关系，也完全明白了他找我的真正目的。

我不喜欢隐瞒事实的当事人，但我能够理解他们。其实，律师对有些当事人来说只是个可以利用的工具人，所以，他们一开始往往不会信任律师，特别是当自己找律师的目的并不单纯的时候。

我用宽和的语气对他说：“张老师，我知道你的想法，我恐怕帮不了你，不能给你具体的法律意见，也不能代理你这个案子。”

他先是尴尬地笑了笑，接着又用疑惑的眼神望着我。

我不想浪费时间，决定捅破这层窗户纸。“张老师，从你们签订的《购房协议书》的内容以及履行情况看，这是典型的名为买卖实为借贷的合同。你们之间其实根本不存在什么房屋买卖关系，这个所谓的《购房协议书》只是个幌子，你们之间真正的关系是借贷关系。他急于用钱，想用这套房子做抵押跟你借钱，但是，当时房产证还没有下来，所以无法办理抵押手续，因此，你们签了这个《购房协议书》。我说得应该没错吧？”

他不置可否地看着我。不一会儿，他犹豫着说：“但是……这个《购房协议书》，白纸黑字写得清清楚楚……”

他的意图很简单：那个位置的房价这几年又涨了不少，所以他想假戏真做，不要利息要房子。

我笑了笑说：“张老师，我的水平有限，实在无能为力。您可以再去问几个律师，或许能找到解决的办法。”

就这样，我把他打发走了。据我的朋友讲，他后来请了一个律师起诉对方，要求法院确认该房屋归其所有并判令被告协助办理过户手续，但法院驳回了他的全部诉讼请求。

现在，很多法院都在进行“穿透式审判”，深入分析双方当事人作出某种行为时的真实意思，所以，像他这样基于明显不符合常理和交易习惯（成交金额很低）且权利义务明显不对等的合同提起的诉讼，很难得到法院的支持。

从这个例子我们可以看到，律师在询问当事人时，针对关键事实提出封闭式问题很有效果。我们可以通过封闭式问题，掌握精准可靠的案件信息，锁定关键事实，确定当事人之间的法律关系，判断当事人咨询的真实意图。

不过，提出封闭式问题的时候，除非你已经决定尽快结束谈案，否则最好不要像我这样咄咄逼人。

提问时的语气往往十分重要。以房屋租赁合同纠纷为例，假如我方当事人是承租人，我们首先要查明房屋出租人是否具有签约主体资格，所以经常会问当事人："签订合同的时候，你有没有审查对方的房产证？房屋租赁合同里有没有附上房产证的复印件？"

如果当事人回答说，当时根本没有想到查看什么产权证，这时候你最好不要对此进行评价。我们的目的是了解事实，而不是责备当事人缺乏法律常识或者做事不够谨慎。

有的律师遇到这种情形会脱口而出："你签合同的时候没看对方的产权证吗？"甚至用无法理解似的语气质问："你连产权证都不看就签合同吗？"

请大家记住：询问的时候千万不要用这种质问的语气，因为这种语气等于在说“你怎么这么愚蠢”。我在前面讲过，当事人大多比较敏感，你这么说话会让他认为你瞧不起他，从而从心底里对你产生抵触情绪。一旦他开始抵触你，你接下来讲得再好也无济于事，他根本不会听进去。

询问当事人这个阶段，律师的任务就是了解更多更准确的信息，所以，语气和态度都应该是比较放松的，这样当事人才能畅所欲言。

第三节　谈案时常见的语言表达错误

人们喜欢用能言善辩、口若悬河、妙语连珠等词语来形容律师的口才，说明律师应该是语言表达方面的高手。可以说，语言就是律师的名片。然而我发现，有不少律师其实并不善于语言表达。

据我观察，在谈案过程中，律师在语言表达方面经常出现以下问题：

（1）当事人介绍案情时，质疑其陈述的关键事实的真实性，让当事人感觉人格受到侮辱。

（2）律师询问当事人时，提问的方式和内容让当事人感觉不专业、不成熟。

（3）律师解答当事人的咨询时，答非所问，用“语言艺术”欺骗当事人。

（4）律师进行案件分析时，没有逻辑，要点不明，让当事人感觉律师的思维不够清晰。

（5）律师提出解决方案时，说话含混不清，语气犹豫不决，无法让当事人产生信心。

下面，我们通过具体的例子对上述问题进行简要的分析。

一、当事人介绍案情时，质疑其陈述的关键事实的真实性，让当事人感觉人格受到侮辱

律师一般都有两个思维习惯：一是喜欢质疑一切，轻易不相信他人之言；二是相信因果关系，认为出现一个结果必然有其原因，没有无缘无故发生的事情。

律师的这些思维习惯，有时候在谈案过程中会不经意间表露出来。最典型的是质疑当事人讲的故事，特别是质疑当事人陈述的关键事实的真实性，这很容易让当事人感觉自己的人格受到了侮辱。

我在《律师基本功》[①]一书里，详细分析过一起有家暴背景的离婚案件。在这个案件的整个办理过程中，我和当事人之间配合默契，取得了较好的结果。

① 本书于2023年在法律出版社出版。

有一次当事人跟我讲，她找我之前曾经咨询过两个在律师界比较有名的大律师。

她说："这两个律师都让我非常痛苦，感觉受到了第二次伤害。我以为律师能够理解当事人的遭遇，所以，声泪俱下地跟他们讲我被家暴的具体细节，但他们却无动于衷，好像我在演戏。其中一个律师还质问我：'他经常这么打你，还打得这么狠，你为什么不报警呢？'我说报警了，但是警察不管。他说，警察不管应该有他的原因。言外之意是，我并没有遭到真正的家暴。另外一个律师是女的，她更气人。她用嘲讽的语气问我：'我看二十年前他就开始打你了，你为什么一直没有离开他？'这个问题她问了两次，好像我有心理问题，好像我是受虐狂。我觉得，他们根本不相信我说的话，或者他们可能想，可怜之人必有可恨之处。我真是领教了，你们律师说的话简直像刀子一样。从此之后好几年我都不敢去找律师。我想，不离了，就这样算了，这就是我的命。"

我们都知道，当事人特别是受到伤害的当事人，心理是相当脆弱、相当敏感的。我相信，这两个律师应该没有什么恶意，也不可能有意侮辱她，但是却让她实实在在地感觉到自己的人格受到了侮辱。

所以，我们在谈案的时候，一定要考虑案件的性质、当时的语境、当事人的心理等因素，谨慎地组织语言，特别是不要当场质疑当事人陈述的事实。我们拿出宝贵的时间给当事人提供咨询，结果由于一两句话说得不好，不仅案子没谈成，还伤害了当事人，这不是明智的做法。

二、律师询问当事人时，提问的方式和内容让当事人感觉不专业、不成熟

关于提问的方式，我们在前一节已经探讨过。在这里，我想举两个例子谈一谈，律师提问时在内容方面经常出现的一个错误，即提出与案件无关的问题。

【案例一】

在前面提到过的离婚案件中，那位女律师提出过这样的问题："我看二十年前他就开始打你了，你为什么一直没有离开他？"

这位律师为什么问这个问题，而且连续问两次？我想，她主要是质疑当事人所讲故事的真实性。她可能认为，既然家庭暴力持续了二十年当事人都没有离婚，说明家庭暴力并不严重。当然，她也可能比较好奇，想知道当事人的心理是否正常。

而当事人准确地分析到了律师提问的这两个意图，可见我们的当事人是多么敏感、多么聪明。

现在我的问题是：这位律师提出的问题与离婚案件的主题有关吗？这位律师可能认为，家庭暴力严重程度以及当事人心理正常与否，与案件有一定的关系。

诚然，家庭暴力严重程度以及当事人的心理是否正常，确实与案件有关，特别是在制定诉讼策略时必须考虑这方面的因素。但关键是，这位律师提出的这个问题，与家庭暴力严重程度以及当事人心理是否正常并不直接相关，所以，那是与该离婚案件无关的问题。家庭暴力很严重但没有离婚的人大有人在。心理不正常甚至有精神疾病，但没有离婚的人也比比皆是。不离婚的原因非常多，家庭暴力、心理问题与离婚没有必然的因果关系。所以，这是个逻辑上无效的问题，这方面将在后面进一步讨论。

如果想了解家庭暴力是否存在或严重程度就应该问当事人，他是怎么实施家庭暴力的？要询问具体的细节。同理，如果想了解当事人是否有心理问题，也要直接询问相关的细节。

【案例二】

我曾目睹这样的一次谈案过程。一个50多岁的医生来咨询商品房质量纠纷案件，所里的实习律师小孙接待了他。医生说，自己买的商品房有严重的质量问题。第一是漏水，只要雨下得大一点，窗户边上就进水，弄得地板都变形了；第二是墙体长毛，北屋有一面墙几乎都是黑乎乎的霉斑。

小孙听罢马上问：“那个楼盘在人民公园的旁边，是不是？”

医生回答：“对。人民公园的斜对面。”

小孙又问：“那附近好像还有个万达电影城？”

医生点点头。

小孙用老朋友的语气再问道：“我听说，这个开发企业的老板前几天被抓起来了，好像牵涉副市长的案子，你听说了吗？”

医生有些不快地摇摇头。

然而，小孙依然兴致未减，他继续问道：“人民路那个烂尾楼，现代大厦，是不是他开发的？”

医生终于忍不住了，他恼怒地厉声质问：“律师，那个烂尾楼，跟我这个房子的质量纠纷有关系吗？”

小孙愣了片刻，但很快反应过来，他狡辩道：“这些背景因素有时候也很重要。他开发的楼盘烂尾了，说明这个人的能力和人品都有问题。”

医生的嘴角掠过轻蔑的微笑。“那，我家旁边有电影城，跟我这个案子也有关系？”

小孙的脸颊微微发红但语气却很强硬：“这个……我只是想确

认你们家的确定位置。”

医生板着脸简单问了两个索赔程序方面的问题，就起身离开了。两个人谈话的时间总共不到十分钟，而前五分钟，实习律师小孙讲的都是与案件无关的问题。

谈案的时候，前五分钟对律师来说是十分关键的，因为这五分钟的表现决定你在当事人心里留下什么样的第一印象。第一印象如果很不好，特别是第一印象给人感觉很不专业、很不成熟，那么，谈案就会立刻变成简单的咨询。然而，比这更重要的是，这个客户永远不会再来找你，也永远不会把你推荐给自己的亲朋好友。而律师的优质客户大多是老客户推荐的，所以，谈每一个案件实际上是积累潜在客户的过程，是律师营销的重要手段。

那么，为什么有些律师经常提出逻辑上无效或者与案件（主题）无关的问题呢？这主要是因为，他没有在会见之前精心设计提问的内容，在谈案的过程中，又不经深思熟虑就随意提出问题。

一个有效的解决方法是：律师在提问时，无论用什么方式提问，无论选择什么样的内容，都要紧紧围绕案件的主线，抓住案件的要害。

不过，这需要律师具有迅速抓住案件要害的能力。关于律师如何提升抓住案件要害的能力，本书将在第四章第一节“案例研究法”中进行详细的探讨。

三、律师解答当事人的咨询时，答非所问，用“语言艺术”欺骗当事人

很多当事人都喜欢问这样的问题：“我这个案件能赢吗？胜诉的概率有多大？”

有些律师的回答非常“艺术”。他不直接回答这个问题，而是讲一些与案件胜败似乎有关但又没有直接关系的理由。我曾听到这样的回答：“审理你这个案件的派出法庭是全国优秀法庭，他们审理案件都很公正，所以你不用担心。”

这句话听起来好像没有什么毛病，但这是典型的答非所问。“不用担心”是什么意思？是肯定能赢的意思吗？也许当事人会这么认为，但律师的意思可能不是，他是想逃避这个敏感的问题。因为《律师执业行为规范（试行）》第79条明确规定：“有下列情形之一的，属于律师执业不正当竞争行为……（五）就法律服务或诉讼结果作出虚假承诺……”他不想违反执业纪律，但又不想让当事人失去希望，因为当事人看不到希望就可能不会委托他。所以，他采取了回避策略。

而有的律师则干脆无视当事人提出的问题，好像根本没有听见，

他会直接告诉当事人，这个案件你交给我就行了。“交给我就行了”这句话应该怎么理解？我问你这个案件能不能赢，你回答“交给我就行了”，那么，我是否可以理解为你能打赢。这是合理的理解。然而，一旦败诉律师绝不会作如此解释。他会说，这句话的意思是，我会全力以赴，而不是承诺一定能赢。

从说话的角度看，答非所问的回避策略似乎很“艺术”，给自己留下了广阔的解释空间。然而，这种靠专业知识玩弄的把戏，绝非什么语言的艺术，而是对当事人的欺骗。

实际上，律师这么做对自己也毫无益处，往往作茧自缚。有些当事人会拿这句话投诉律师，让律师赔了夫人又折兵，既要退费还要受到处罚。

其实，这个问题很容易回答。我通常会直截了当地告诉当事人，根据有关法律和政策的规定，律师不能用任何形式对案件结果作出承诺。我刚才已经对案件进行详细的分析，也提出了初步的解决方案，所以，你完全可以自己作出判断。如果你认为我的分析正确我的方案可行，委托我来代理，我会竭尽全力，绝不辜负你的信任。我对自己的方案很有信心。

我发现，这么说之后当事人都很理解，都表示完全信任我。

因此，我们解答当事人提出的敏感问题时，不要试图回避，不要玩“语言艺术”，要直接根据法律法规给当事人明确的答复。

四、律师进行案件分析时，没有逻辑，要点不明，让当事人感觉律师的思维不够清晰

应该说，没有逻辑、没有主次、没有顺序、要点不明等问题，在缺乏经验的律师身上是普遍存在的。

在当事人介绍案情之后，有些律师不能从整体上梳理出案件的脉络，区分关键事实和一般事实、主要问题和次要问题。所以，他只能事无巨细地进行分析，一会儿讲程序问题一会儿讲实体问题，颠三倒四，翻来覆去。有时候，当事人讲述的事实比较多，律师根本记不住时间顺序，于是想到什么就说什么。如果再遇到涉案当事人多、案情特别复杂的案件，那就更加没有逻辑、没有主次、没有结构了。

这个时候，当事人往往会感觉云里雾里听不明白，有时似乎听明白了，但理解得又与律师想传达的意思不尽相同。而有的律师讲了两三个小时之后，连自己都搞不清楚到底讲了什么。

总之，有些律师在分析案件的时候思维很不清晰，对案件没有形成系统的认识。

那么，如何解决这个问题呢？最简单的办法就是做好记录。当事人介绍案情的时候，你一定要把重要的节点和事实记下来。如果哪些地方没听清楚，你要让当事人重说一遍。待当事人讲完之后，你再仔

细看一遍当事人手里的证据。看证据的时候也要做笔记，并且与当事人的陈述进行比较，迅速整理出若干重要问题。然后，你要向当事人提问，提出与案件有关的开放式、封闭式问题，并记录当事人回答的主要内容。

经过这样的过程，你对案件就会形成整体性的认识，对案件的关键问题也能形成明确的判断，这时你就可以为当事人分析案件。这样的分析，一定会有逻辑性，一定会重点突出、层次分明。

五、律师提出解决方案时，说话含混不清，语气犹豫不决，无法让当事人产生信心

本书在第一章第三节举例分析了律师提出有效的解决方案对谈案成败的重要影响。在这里，我们着重对律师提出解决方案时应该如何表达、如何使用语言，进行简单的探讨。

律师一般在什么时候提出初步的解决方案呢？我们一起回顾一下前面讲过的“谈案的十二个步骤”。提出初步的解决方案是第九步，即案件分析之后商谈律师费之前。这是谈案中非常重要的一步，因为从这一步开始谈案就进入了关键阶段。我们开始真正贡献自己的智慧，展现自己的能力。

那么，我们提出初步解决方案的目的是什么呢？帮助当事人下决心。通过提出问题、解答咨询、分析案件，我们已经得到当事人的认

可，然而，此时当事人只知道自己遇到的法律问题原来如此复杂，还不知道这个法律问题应该如何解决。所以，我们必须趁热打铁，给当事人指出一条法律上的出路，让他下最后的决心：聘请我们，按我们的方案去做。

因此，提出解决方案的时候，尽管是初步的解决方案，但我们的语气必须斩钉截铁，不能犹犹豫豫，我们的语言必须明确具体，不能含含糊糊。

举个例子：

李某乘坐的出租车，在去往火车站的路上与迎面而来的一辆货车发生碰撞，李某受重伤，伤残鉴定结果为三级伤残。李某准备起诉，他的妻子和儿子来所里咨询。我跟助理周律师一起接待了她们。我让周律师主谈，我来补充。下面是当时提出解决方案时的部分交谈内容：

周律师说："刚才，我给你们分析了，李师傅现在有两个请求权：一个是基于侵权的请求权，就是起诉那个货车司机和他的单位，因为《交通事故责任认定书》认定那个货车司机负全部责任；另一个是基于违约的请求权，就是起诉出租车司机和出租车公司，因为李师傅和出租车司机、出租车公司之间有运输合同。”

李某的妻子问：“周律师，那以您看我们应该起诉谁呢？”

“我刚才看了一下材料，那个货车司机和他的单位远在浙江。虽然我们可以在侵权行为地也就是北京起诉，但是，以后执行的时候还是需要去浙江，而且，我们还不清楚这个司机和他的单位有没有可执行的财产。所以，起诉货车司机，执行是个大问题。不过，侵权诉讼中我们可以提出精神损害赔偿。”周律师耐心地解释说，“当然，我们还可以起诉出租车司机和出租车公司。但这是合同纠纷，要求他们承担的是违约责任，而违约责任呢，一般不能请求精神损害赔偿。所以，这个案件究竟起诉谁呢，两个方案各有利弊，你们好好琢磨一下。”

“让我们琢磨？”李某的儿子几乎要跳起来了，他晃着肥胖的身体大声质问：“周律师，我们要是明白找你干什么？我到底应该起诉谁，不是你应该告诉我们的吗？”

周律师显得有些紧张，向我投来求助的目光。

我面带微笑站起身拍了拍年轻人的肩膀，说：“周律师是为你们着想，她都给你们想到执行问题了，因为李师傅的身体要恢复需要不少钱啊。现在，有很多官司是打赢了也没有钱可执行。刚才，我听周律师分析基本明白了，我建议这样，起诉出租车司机和他挂靠的公司，因为北京的司机和出租车公司应该能有点钱。虽然这样可能需要放弃精神损害赔偿，但是根据我的经验，法院即使支持精神损害赔偿，数额往往也不是很大。而且，我们应该尽快动手，马上起诉，否则哪一天有可能就找不着出租车司机了。你们看行不行？”

李某的儿子立刻露出满意的神情，他跟母亲小声交流了几句，然后对我说：“吴律师，您说得对。咱们必须马上起诉。您看这个费用……”

我考虑到他们家目前的情况，提出了非常优惠的收费方案。但是，我附加了一个条件：这个案件具体由周律师办理，我只是负责制定诉讼策略和方案，以及必要的检查和指导。

他们欣然同意，还说周律师其实挺优秀的，只是讲得太专业，有些话他们听不懂。

在这次谈案中，周律师出现的问题是，谈案已经进入提出解决方案的阶段，但她仍然在进行案件分析。她不是在给方案，而是分析两个方案的优缺点。由于其中夹杂着不少专业术语比如请求权、侵权诉讼等，而且，她总是翻来覆去讲这两个方案，所以，她给人的感觉是语气不坚定，语言不明确。除非当事人有一定法律知识，或者有相当的耐心，否则不会喜欢听这样的分析，他们希望律师给出简单明了的法律意见，因为此前他们已经听完律师的案件分析了。

综上所述，语言表达在律师谈案中发挥着十分重要的作用，当事人通常是通过律师的语言表达能力，判断这个律师的专业水平。所以我说，语言是律师的名片。我们应该很好地利用这张名片，在我们和当事人之间架起良好的信任关系的桥梁。

第四节　谈案时常见的逻辑推理错误

律师的世界，是逻辑的世界，离开了逻辑，律师就不成其为律师。可以说，律师的专业能力主要体现在逻辑推理能力上。

然而，很多律师在谈案时经常出现各种逻辑推理错误。比较常见的逻辑推理错误有：

（1）适用法律（大前提）的选择不正确，导致推论错误。

（2）把“意见”当作事实进行逻辑推理，得出错误的结论。

（3）用与主题无关的事实进行推理，得出似是而非的结论。

（4）用不周延的前提推出结论，误导当事人。

一、大前提即适用法律的选择不正确，导致逻辑推理的结论错误

举个例子：

某所的李律师代理了一起离婚纠纷案件，但收到一审判决书，他败诉了，请我给研究一下有没有上诉的意义。

案情是这样的。一对青年男女结婚后，男方的父母给小夫妻在北京购置一套房屋。男方父母为了让儿媳安心过日子，把产权登记在女方（儿媳）一人名下。但结婚后不到一年，女方就把自己的父母和弟弟接到家里，然后向男方提出分手，并将其赶出家门。她说，这套房屋属于男方父母赠与她自己的个人财产。

此时，这对夫妻尚未离婚。所以，男方的父母起诉夫妻二人，主张给他们买房子的钱是借款，要求他们返还，但由于证据不足而败诉。于是，男方又起诉女方，请求法院判决离婚，并请求将该房屋作为夫妻共同财产进行分割。李律师是这起离婚案件的女方代理人。

代理这起案件的时候，李律师刚拿到执业证。他跟我讲过谈案的过程，我记得比较清楚，因为当时他非常兴奋，信心满满。

他认为这个案件并不复杂。按照《民法典》物权编的规定，产权登记在女方名下，女方当然拥有该房屋的所有权。而根据

《最高人民法院关于适用〈中华人民共和国民法典〉婚姻家庭编的解释（一）》第29条的规定，这对夫妻结婚后，男方父母出资为双方购置房屋，并主动登记在女方一人名下，这种行为应视为对女方个人的赠与，而不是对夫妻双方的赠与，不应该认定为夫妻共同财产。

他的当事人可能咨询过其他律师，对这样的法律分析将信将疑，因此，按照当事人的提议，他们签订了比较特殊的代理合同，双方约定：乙方（李律师）负责本案全过程代理，包括一审、二审和执行，律师费为20万元。如果法院判决涉案房屋为夫妻共同财产，则代理人退还15万元律师费。如果法院判决涉案房屋属于女方个人财产而非夫妻共同财产，则代理人无须退还律师费。

当时听完他的分析之后，我问他："你刚才引用的司法解释，原文是怎么写的？"

他打开《民法典及相关司法解释汇编》，开始给我读《最高人民法院关于适用〈中华人民共和国民法典〉婚姻家庭编的解释（一）》第29条第2款："当事人结婚后，父母为双方购置房屋出资的，依照约定处理；没有约定或者约定不明确的，按照民法典第一千零六十二条第一款第四项规定的原则处理。"

他又翻开《民法典》说道："《民法典》第1062条第1款第4

项规定，除了民法典第一千零六十三条第三款规定的情形之外，夫妻在婚姻关系存续期间继承或者受赠的财产，为夫妻共同财产，归夫妻共同所有。而《民法典》第 1063 条第 3 款的规定是，遗赠或赠与合同中确定只归一方的财产，为夫妻一方的个人财产。”

“好。那么，本案中，男方父母为原告和被告出资购买涉案房屋的时候有约定吗？”我问。

“没有。据说有口头约定，但没有证据。”

“有赠与合同吗？”

“也没有。但是，男方父母的行为肯定是赠与啊。”

“上一个案件的判决已经认定不是借款，所以法院认定赠与应该没问题，但这是赠与谁呢？”我问。

“男方父母买房后登记在女方一人名下，这就是赠与女方啊，这不是显而易见的吗？”他有些不解地反问道。

“《民法典》或者司法解释是这么规定的吗？”

“没有针对这种情形的明确规定，但是我们可以根据《民法典》第 1063 条第 3 款进行合理的推定。”

我觉得他对法律的理解和逻辑推理有点问题，于是提醒他：“既然要进行合理的推定，进行逻辑推理，那就首先要准确确定大前提，即应该适用的法律。而确定大前提的时候，如果没有明确的法律规定，那就要考虑法律的基本原则，比如公平原则和诚信原则，不能机械地套用某个与此有点关联的法律规定。如果我们用这样的法律规定作为大前提进行逻辑推理的结果，导致违背法律基本原则，那说明我们对法律的理解和逻辑推理一定存在错误。”

他似懂非懂地点了点头。但现在看来，他显然没有真正理解我的意思。

我说的意思是：结婚不到一年就提出离婚，然后试图独占男方父母为保障小夫妻幸福生活购置的房屋，这明显不公平，违反了法律的基本原则——公平原则。实际上，男方父母把购置的房屋只登记在儿媳一人名下是有条件的，那就是儿媳必须跟儿子好好生活，这一点作为儿媳的被告也应该很清楚。这是理性的人都有的心理，而“法律存在的终极目的是符合理性之人的本性”。所以，如果认定男方父母的行为属于对儿媳个人的赠与，那么，这个赠与是附条件的。而这个所附的条件，如果没有书面约定，就应该探寻赠与人的真实意思表示，按照公平原则和诚实信用原则进行认定。否则，法律就可能沦为某些人获得不当利益的工具。

当然，在本案中，将公平原则和诚实信用原则作为逻辑推理的大前提，是因为法律法规和司法解释并没有对这种情形作出明确的规定。

我坦率地告诉他，这个案件二审法院改判的可能性比较小。可他没有放弃，坚决提起上诉。他要维护谈案时表现出来的尊严。他的收费方案实际上是风险代理，但由于《律师收费管理办法》规定，婚姻案件不能实行风险代理，所以不得不采取了出现某种情形就退费的方式。不过，对他来说，这样的收费方案主要想显示的可能是自己必胜的信心。

这个案件说明，律师在分析案件时，如果确定的大前提即适用的法律不正确，那么，逻辑推理必然会得出错误的结论。而根据这个错误的结论制定的解决方案，也就不可能获得成功。

二、把“意见”当作事实进行逻辑推理，得出错误的结论

在分析案件时使用的演绎推理中，小前提是指事实。小前提不真实，逻辑推理的结论就会错误。把“意见”当作事实进行逻辑推理，就属于小前提不真实的逻辑错误。

律师在办案中经常遇到鉴定意见、审计报告、专家意见等“意见”类证据。“意见”类证据，顾名思义是意见，是某些专业机构或专业人士对案件的性质或其他方面作出的主观的分析和判断，所以它不是事实。

然而，由于这些“意见”大多披着权威的外衣，所以，有不少律

师，经常把这些“意见”当作事实进行逻辑推理，煞有介事地得出某种结论，然后根据这个结论制定诉讼策略和解决方案。

在谈案的时候，这种情况比较常见。特别是在刑事案件中，有些律师就喜欢用“专家意见”给案件定性，并制定相应的诉讼策略和方案。

举个例子：

有个律师对当事人说：“你的案件，我认为应该做无罪辩护。我请教三位刑法学权威专家，他们都认为这是紧急避险，而且没有超过必要限度，不构成犯罪。他们对案件的定性从来没有错过。”

他这段话的逻辑是什么呢？

大前提：这三位刑法学权威专家对案件的定性从来没有错过。

小前提：他们都认为你的行为是紧急避险，而且没有超过必要限度。

结论：你不构成犯罪。

方案：我做无罪辩护。

这个三段论推理有什么问题？它的问题在小前提上。在法律案件的演绎推理中，小前提必须是事实，而且这个事实必须真实，才能推理出正确的结论。

但是，在上述三段论中，“他们都认为你的行为是紧急避险，而且没有超过必要限度”的这个小前提，不是事实而是专家意见。专家意见是主观的，即使以前他们对案件的定性都正确，也不能保证这次肯定不出错。所以，这是错误的逻辑，根据这样的逻辑推理出来的结论（不构成犯罪）就不一定正确。因此，根据这个结论制定的方案（无罪辩护）也可能是错误的，可能对当事人产生不利的后果。

不过，这样的逻辑和结论，对当事人来说通常很有诱惑力。一方面，这是基于权威专家意见得出的结论；另一方面，能请权威专家出具意见，说明这个律师不简单。所以，当事人通常都会聘请这样的律师。

三、用与主题无关的事实进行推理，得出似是而非的结论

我们在前面讲到“答非所问”时举过这样的例子：

> 当事人问：“我这个案件能赢吗？”
>
> 律师回答：“审理你这个案件的派出法庭是全国优秀法庭，他们审理案件都很公正，所以你不用担心。”

这段话是一个标准的三段论推理，推理过程如下：

大前提：全国优秀法庭审理的案件都很公正。

小前提：审理你这个案件的派出法庭是全国优秀法庭。

结论：你这个案件的审理一定很公正。

这个推理本身就有问题。一个法庭之所以能评上全国优秀法庭，可能不仅是因为它审理公正，因为所有法庭的审理都是公正的，我们必须相信这一点。评全国优秀法庭时需要考虑的因素可能比较多，比如人员素质、管理水平、服务意识等。

不过，这段话的主要问题不在于推理本身，而在于这个推理的内容与当事人提出的案件能不能赢这个问题没有关系。一个案件能不能赢，关键在于证据和根据证据制定的策略。如果证据对你不利，制定的策略也不恰当，那么，越是优秀的法庭，越是审理公正，你败诉的可能性就越大。

但这样的推理很容易让当事人产生误解。因为，当事人基本上都认为自己是有理的，既然有理，只要公正审理就能赢。但是，律师的意思可能不是这样。律师也许是在暗示，你这个案件恐怕要败诉。一些律师经常用这种方法，为将来可能出现的坏结果提前准备好辩解的理由。当然，律师的意思也可能是，只要审理公正我们就能赢。

但不管律师的真实意思如何，这是个似是而非的逻辑推理。在谈案的时候，律师应该运用正确的逻辑推理，这样才能得出正确的结论，制定正确的方案，给当事人传递真实的意思。

四、用不周延的前提推出结论，误导当事人

这些年，由于最高人民法院公开了裁判文书，并陆续推出指导

性案例，所以很多律师逐渐养成一个办案习惯——类案检索。遇到案件，马上就检索相关的案例，这样既能节省时间又能找到思路。

有些律师，特别是缺乏办案经验的年轻律师，谈案的时候，在会见当事人之前，通常先检索几个类似的案例，以做到心中有数。

可见，类案检索是个很有用的工作方法。然而，凡事有利就有弊。律师如果在谈案时，用类似的案例推出结论，那很可能导致逻辑错误，误导当事人。因为每个案件都有其特殊性，有自己独特的背景，形成的证据也独一无二。而类案只是与本案类似的案例，而且还是部分案例，要么与本案不够相关，要么前提不周延，所以由此推理出来的结论不一定正确。

举个例子：

2021 年，有位仓库承租人起诉出租人，认为新冠疫情属于不可抗力，要求法院判令解除合同并免除疫情期间所欠租金。出租人来咨询。我看了一下原告提交的证据材料，证据非常少，用来证明疫情属于不可抗力的证据是原告从网上下载的两个案例。这两个案例都是房屋租赁合同纠纷，案情确实与本案有些相似。两个不同法院的判决都认定，疫情属于不可抗力。

然而，通过两份判决就可以推导出疫情属于不可抗力的结论吗？当然不能。因为，还有很多判决认定疫情不属于不可抗力，有的判决认定是情势变更，有的判决认定租赁合同的履行并没有受到影响，应继续按原合同履行。为什么法院的判决结果如此悬殊呢？因为疫情期间，每个地方的管控程度是不一样的。疫情特别严重的地区，房屋可能几个月都无法使用，而疫情相对较轻的地方，可能仅仅影响了一段时间，所以可以用减免租金来解决纠纷。而有的地方，房屋使用根本没有受到实质性影响，这时就不能以疫情为由解除合同。可见，看起来相似的案件，往往存在很大不同。

在这个案件中，原告的律师犯了以不周延的前提进行演绎推理的逻辑错误。疫情期间租赁合同纠纷非常多，但原告律师仅用两份判决就推导出疫情属于不可抗力的结论显然是不妥当的。实际上，当时把疫情视为情势变更理由的法院占大多数。

当然，本案的情况也有可能构成不可抗力。但是，如果想用法院的类似判决，推导出自己的情形属于不可抗力，那就必须引用所有类似判决，否则大前提就不周延，推理就不正确，而引用所有类似判决显然是很难做到的。

正确的做法应该是：用当时封控的时间、采取的措施等证据，证明确实发生了不可抗力的情形。类案可以提供给法庭，但不是作为证据，而是作为供法庭参考的材料。

可见，类比推理是非常危险的，用类案进行推理，很可能会导致逻辑错误。因此，律师不应该过分依赖类案检索，要静下心深入研究案件的证据和背景，找出案件独有的特点，拿出有针对性的解决方案，这样才能让当事人真正信服。

刚才我们举例分析了四种错误的逻辑推理：大前提不正确即选择的适用法律错误；小前提不正确即把“意见”当作事实进行推理；用与主题无关的事实进行推理；用不周延的前提推出结论。

除这四种逻辑错误之外，律师在谈案的时候，比较容易出现的逻辑错误还有很多，比如，因果关系混淆，推理违背常理，错误的比较和对比，混淆概念，转移论题，以偏概全，“得克萨斯神枪手”等。

其中，“得克萨斯神枪手”这个逻辑错误，比较普遍地存在于律师的逻辑推理中。它似乎很符合律师的思维方式。不少律师在谈案过程中，有意无意地在许多证据中挑选对自己的观点有利的证据，忽略对自己的观点不利的证据。用这种掩耳盗铃的推理，很容易得出自欺欺人的结论。

总之，在谈案的时候，律师的工作须臾离不开逻辑推理，而逻辑推理正确与否，对谈案的成败影响很大。因为一旦逻辑推理出现错误，律师得出的结论就会背离事实，拿出的方案就会不切实际，这必然会增加当事人的疑虑和不信任感。

因此，律师必须练就过硬的逻辑推理能力，让逻辑思维成为自己的职业本能。而对案件进行逻辑推理时，能够得到唯一正确答案的推理方式是演绎推理，类比推理和归纳推理都不能保证推论的正确性。

第五节　谈案时律师要充分尊重当事人

有些律师特别是老律师，在谈案的时候，能很快抓住案件的要害，发现当事人的真正需求，提出有效的解决方案，收费方案也比较合理，然而，最后案件却没有谈成。这样的例子可以说数不胜数。

为什么会这样呢？当事人找律师的目的不就是解决他的问题吗？律师已经证明，他能够解决当事人的问题，并且也没有漫天要价，当事人为什么还转身而去呢？

我百思不得其解，直到有一天自己犯了个错误，失去了本来应该得到的订单才幡然醒悟。我总结这次教训，得到的结论是：在谈案的时候，律师必须充分尊重当事人的自尊心。

其实，当事人决定是否聘请律师时的心理是十分复杂的，而且受多种因素影响不断发生变化。你发现了当事人的真正需要，指出了案件的要害，给出了有效的解决方案，提出的律师费也很有竞争力，这些因素会促使当事人的理性倾向于选择你。然而，当事人是具有情感的人，而情感往往受情绪和心理因素支配。所以，当事人的情绪和心理尤其是自尊，受到你的某种态度或言语的刺激时，他就会不由自主地排斥你。由于这种排斥是发自内心的，因此，他的理性对此也无能为力。他明知道应该选择你，你是他见过的律师中最合适的，你最有可能让他的利益最大化，然而，他还是会毫不犹豫地让你出局。这就是情感的力量。

大约三年前，有个老乡说，他的企业家朋友王总打了场官司一审败诉了，感觉挺窝囊，想咨询一下上诉有没有希望。

我和王总加了微信，通过视频聊了一个多小时。听王总的介绍，他的公司承揽了一个管理项目，代表 A 公司负责某化工工程的建设。这个项目原来是由某大学张教授来负责的，后来张教授把项目转让给王总的公司。王总的公司完成了任务，工程建设方也支付了款项，但由于合同是工程建设方与张教授所在大学的附属企业签订的，所以，工程建设方把款项支付给了大学附属企业，而该大学不承认张教授转让项目之事，不同意把该款项转给王总的公司。王总找到张教授，但张教授始终以各种理由回避，既没有向校方解释，也没有出庭作证。

我请王总把有关的材料发给我。第二天，王总发来一、二审判决书。我对两份判决书进行研究后发现，王总这一方一审的诉讼准备十分粗糙，既没有收集现场管理的证据，也没有寻找必要的证人，更没有制定有效的诉讼策略。于是我给王总写了一份简要的法律分析意见。

王总：

我仔细阅读了两份判决书，下面讲几点看法，仅供参考：

一、两级法院，特别是二审法院确实没有查明事实

首先，由于一审时原告提交的证据不多且缺乏有力证据，所以一审判决自然倾向于支持被告的主张。二审时，原告补充提交了许多证据，能够证明一些问题，但二审可能认为，这些证据不属于新证据且无关紧要，因此没有给予重视。

其次，原告没有将张教授列为被告或第三人，一审和二审法院也都没有追加。原告是从张教授手里接过该业务的，张教授是原告和被告之间的唯一桥梁，没有他的参与，关键的事实无法查明。

二、原告提交的证据可能不足

提交证据不足尤其是缺少关键证据，这是败诉的主要原因。本案的焦点问题是：原告和被告之间有没有事实上的合作关系，原告有没有在施工现场负责项目运营管理，以及张教授能不能构成表见代理。我感觉，原告还没有足够深入地挖掘有关证据。

三、原告的诉讼策略可能存在一些问题

首先，没有将张教授列为被告或第三人。他应该列为被告，这样可以以授权不明为由主张两个被告承担连带责任。他不加入，

对原告是十分不利的。

其次，应该在一审期间提交所有的证据。二审时提交那么多证据却没有实际作用，因为这些证据可能都不属于新证据。二审一般情况下会维持原判，除非存在法律规定的那几种非常严重的问题。

最后，一审期间原告好像过于强调了以前三份合同的情况。其实，把这三份合同和后来事实上的合作绑在一起不一定有好处。一审判决书就着重对此进行了对原告十分不利的分析。原告应该把主要精力放在证明“张教授有代理权、原告提供了相应的服务且被告对此是明知的”这三个事实方面。这方面的证据大多是在二审时提交的，说明原告起诉时明显准备不足。另外，原告好像没有证明“被告明知”这个事实，而这个事实在本案中极为重要。

四、现在可能的选择

1. 向法院申诉或通过检察院抗诉。但是，没有足以推翻二审判决的新的证据，申诉或抗诉成功的概率非常小，能不能受理都是个问题。

2. 起诉张教授无权代理，损害了我方的利益。这个方案是否可行，要看有没有足够的证据。

总之，此案的结果看起来确实不大公平，我相信二审法院清楚客观事实应该是什么。然而，诉讼就是这样，要看谁的策略更得当，看谁更懂得运用证据，看谁的逻辑更令人信服。当然，如果证据确实不行，其他任何努力也都无济于事。

以上是我的粗浅的看法。由于水平有限，加上只是对两份判决书中发现的问题进行评论，所以免不了偏颇和错误。以后若有需要，待看到所有证据，了解整个案情之后，再给出明确具体的建议。

王总十分认可我的分析，决定让他的律师“继续玩儿”，因为这位律师对申诉充满自信。从王总的反应看，到此为止我的咨询是比较成功的。

过了几天，他要请我吃饭。我的老乡说，他对现在的法律顾问（也就是此案的代理律师）不太满意，年末不想续约，所以这次见面是个机会。

看来，这次吃饭是一次谈案。

那天阳光特别强烈，我在路上一直戴着墨镜。进酒店的时候我接了个电话，忘了换近视镜。于是，我以戴墨镜的形象出现在王总面前，我发现他稍显惊讶。我马上把墨镜摘下来，跟他握手。

我的脸型清瘦，戴墨镜给人感觉不像律师。这是我犯下的第一个错误——第一印象不好。不过，这毕竟是小事，如果没有后面发生的事情，这点印象还不至于影响交流的效果。

坐下来之后，我们就开始聊他败诉的案件。我没有提一审的代理律师，只是强调本案没有多少挽回的余地。

我说："这个案件，除一审中没有提交必要的证据之外，最重要的是，从张教授那里受让项目的时候没有签订有效的合同。你们应该签订三方协议，即张教授代表的学校附属企业、建设方以及你们公司，把转让的有关事项约定清楚，特别是如何交接项目、支付款项等主要事项。"

"吴律师，您说得很对。那是我一个经理干的，他没想那么多，觉得都在一个行业内混，不会有问题。"王总一边敬酒一边解释道。

"这就是我们中小企业常见的运作方式。如果不能改变这种做事习惯，企业很难做大。"我这句话是趁着喝酒的热乎劲儿像老朋友一样说的。没想到他非常敏感，脸上的笑容顿时消失了，把目光转向我的老乡。

我意识到可能是"中小企业"这几个字刺激了他的自尊心。他有4家规模不大的公司，业务范围迥然不同但经营效益都相当不错，主要是给一家跨国公司服务。他雄心勃勃，想尽快把企业做大，做成多元化的集团公司。不过，在我看来，以他的“商业模式”几乎不可能，因为他这些企业的业务均来自一家公司。虽然据他讲，他企业的技术和服务在业内都属一流，但是其订单主要是通过“关系”弄来的，而不是通过市场充分竞争获得的。所以，哪一天关系没了，瞬间就可能破产。我一向认为，这种企业算不上真正的企业。我的这种“偏见”，可能在不知不觉中表现在我的语气中，让他感觉到了。

我立刻端起酒杯敬了他一杯。我们不约而同地把话题转到孩子身上。谈到孩子他马上来了兴致，开始滔滔不绝地讲他的儿子。他儿子很喜欢音乐，现在在中央音乐学院学乐器。我想到自己在中央音乐学院认识一位教竖琴的德高望重的教授，于是问他孩子学的是什么乐器。

“管风琴，”他愉快地说，“我花20多万元买的，那个东西特别大，放在家里非常壮观。”

我不懂乐器，不过我想，既然这么大还不便宜，学的人应该不会太多，所以小心翼翼地问：“管风琴是一般在什么场合演奏的？”

他眉飞色舞地说：“外国的一些教堂，他们唱赞美诗的时候用这个东西。”

教堂？我轻声重复着有些不解地望着他。这时，我的“职业病”又犯了，我几乎是不假思索地说了一句：“那么，这个乐器用的范围是不是有点太窄了？这样不容易成名啊。”

老律师一般都有一种职业病，那就是喜欢指出问题。由于律师指出的问题是用逻辑推理出来的，往往给人感觉很有道理，所以有时候也很有杀伤力。

我发现，他的笑容再次消失了，这次他没有转移目光，而是用冰冷又略带无奈的语气说：“没办法，钢琴、小提琴那些热门专业根本进不去。学这个好歹可以出去说是中央音乐学院毕业的。”

我投去理解的眼神，但我知道自己已经犯下了不可挽回的大错。我也是做父亲的，深知孩子的问题是父母心里最在意的问题。他的孩子在中央音乐学院学习，说起来挺有面子。然而，如果在那里学的是别人都不愿意学的专业，毕业之后也看不到什么希望，那么，这在他心里一定是一个难以言说的痛点。任何人触碰这个痛点，他都会发自内心地感到厌恶甚至愤怒，而我正是做了这样的事情。

我太愚蠢了。初次见面竟然聊了这么敏感的话题，而且如此不谨慎。在这种情况下，还指望他请我做企业法律顾问那就是白日做梦了。

于是，我索性放开，像朋友一样跟他闲聊。我们谈起我曾服务过的一家企业集团，这家企业做得很大。王总说，那个老板是他学习的榜样。

王总很健谈。他听说我写了几部长篇小说，就让我讲一讲写的是什么内容。我送了他一本2017年在香港出版的长篇小说《被决定的人》。他问我有没有写专业书。我告诉他，我为年轻的律师们写了一本书，叫《律师基本功》，刚刚由法律出版社出版。

就这样，我们一边喝酒一边闲聊，气氛相当不错，但订单却泡汤了。其实，第一次见面毫无结果的情况很正常，不能因此说谈案已经失败。可我知道，他永远不会因为法律问题再找我，我们之间也不可能成为朋友，因为我深深地伤害了一个男人、一个父亲的自尊心。

此外，他的企业虽然不大，但他毕竟是老板，他有根深蒂固的“老板思维”，即我花钱我说了算。他为什么明知道那位法律顾问的水平不怎么样，但还是用了好几年呢？因为那个律师听话。而他很清楚，即使给我再多的律师费，我也不是他可以呼之即来挥之即去的人。这就是当事人面对律师时的微妙心理，这种微妙的心理会随着情境发生变化。

因此，律师应该深谙人性，在谈案的时候要充分考虑当事人的情绪和心理因素，不要触碰当事人最敏感的神经，不要让当事人对你产生厌恶感。当事人喜欢你不一定聘请你，但如果厌恶你，那一定对你“敬而远之”。从心理学的角度来讲，厌恶是一种心理防御机制，是为了避免受到别人的伤害。

厌恶与不信任都是具有一票否决权的心理因素，它会让你的一切优点化为乌有，会让你的所有努力成为泡影。而伤害当事人的自尊心，得到的必然是厌恶和不信任。

第四章

谈案的方法

最有价值的知识，是关于方法的知识。

英国生物学家　达尔文

我经常思考一个问题：青年律师如何迅速提升谈案能力，成为谈案高手？

客观上，他们没有老律师那样的资历、地位、能力、资源，谈案成功的难度确实比较大。然而，这些条件对于谈案成功来说真的是必不可少的吗？究竟是什么因素决定当事人的选择？当事人谈案时的心理过程是什么样的呢？

有一次，我和律师事务所的市场部经理一起谈案。她在谈案的时候，对当事人的心理把握得十分到位，她知道当事人在担心什么、需要什么，并且知道用什么方法消除当事人的忧虑，让当事人产生信心。虽然谈案的主角是我，进行案件分析、解答当事人咨询、提出解决方案都是由我来做的，但我感觉自己倒像个助手，觉得对签约起到关键作用的是她而不是我。如果她是系统地掌握法律知识的律师，我相信她自己就能顺利地拿下客户。

当时，看着她的表现我恍然明白，决定谈案成败的不是资历、地位、能力、资源，而是有效的方法。只要掌握了有效的方法，即使是青年律师也能迅速提高谈案能力，很快成为谈案高手。

而这个有效的方法与心理学紧密相关。谈案本质上是说服和被说服的过程，是律师和当事人之间的一场微妙的心理博弈。从心理学的角度看，当事人谈案的时候，有两种心理因素起着关键的作用：一是恐惧，二是希望。当事人为什么花钱请你做他的律师呢？因为你让他感到了恐惧，同时也让他看到了希望。感到恐惧，是因为你让他意识到事情的严重性，看到希望是因为你提出了有效的解决方案。

那位市场部经理，就是对当事人的这两种心理把握得十分准确，所以稳住了游移不定的当事人，为我这个律师发挥专业能力创造了必要的条件。

因此，律师在谈案的时候，应该紧紧围绕如何有效地影响这两种心理因素来进行。我的“谈案五步法”就产生于这样的博弈心理学的实践。不过，使用“谈案五步法”的前提是，律师必须具有较强的案件分析能力。所以，我们首先要迅速提升案件分析能力。

那么，如何迅速提升案件分析能力呢？我总结出一个方法——“案例研究法”。

第一节　案例研究法

什么是案例研究法？案例研究法就是，通过系统地研究案例，掌握案件分析方法，提升案件分析能力。

这里的案件分析能力主要是指，抓住案件要害的能力和拿出有效解决方案的能力。精准地抓住案件的要害，并提出有效的解决方案，才能让当事人对律师和案件的结果产生信心。所以，案件分析能力是谈案能力的核心。

律师是典型的学习型职业，律师需要在学习方面耗费大量精力，但据我观察，真正善于学习的律师并不是很多。

什么叫“善于学习”？就是用研究的心态和方法去学习。

研究的心态就是，一定要把案件搞透，否则决不罢休。

研究的方法就是，把案件当作一个项目进行系统分析，总结出它的特点或规律。用这种系统思维方法研究案件，就能很快地把与案件有关的事实和法律问题吃透。律师只有吃透了案件，才能迅速地抓住案件的要害，提出有效的解决方案。

系统地研究案例，首先要选择合适的案例。对于青年律师来说，最好的研究材料是本所档案室里存放的老律师办结的案件卷宗。管理规范的律师事务所对档案管理都是比较重视的，每个案件的卷宗里，起诉状、代理词、判决书以及证据材料都比较齐全。如果没有这种条件，则可以购买必要的书籍。有些案例选集的基本案情、案件分析、判决结果等内容写得过于简要，不适合经验不足的青年律师学习和研究。要选择把一个案件讲得比较详细的书，如法律出版社出版的《律师基本功》。我这本书主要是写给青年律师的，里面有一些案例从思考方法到办案过程都讲得非常详细，比较适合青年律师进行案件研究。

那么，我们具体应该如何研究一个案件呢？以代理被告的案件为例，研究的过程通常由以下五个步骤组成：

第一步：研究对方的材料

仔细阅读对方的起诉状和证据材料，审查管辖是否正确，对方的主体资格是否合格，每一项诉讼请求是否合法、是否都有证据支持等，将发现的问题记录下来。

从对方的材料中发现问题，是律师必须掌握的基本功。因为诉讼中通常是“先破后立”，作为被告律师首先要想方设法“破”对方。有的庭审过程很有意思，原告律师和被告律师都忙于“立”自己，各说各的，根本不重视对方的主张、观点和事实，以为自己立住了对方就能不攻自破。不客气地说，这是不懂诉讼的典型表现。比如，原告的诉讼请求是解除合同，那么，被告首先应该指出，原告解除合同的请求没有法律和事实依据，然后根据有关证据推理出这个结论。接着再用必要的证据和完整的逻辑，证明涉案合同应该继续履行。

第二步：深入分析从对方材料中发现的问题

对于从对方材料中发现的问题，要再次细读与问题有关的材料，对问题进行深入分析：

首先，要研究对方的问题属于什么性质？比如，对方的主体不适格，这属于根本性的问题，因为主体不适格法院就会驳回起诉。再如，对方提出确认合同无效的诉讼请求但没有提交相应的证据。具体可能是因为对方手里确实没有证据，也可能是因为对方别有企图，所以这是关乎策略的问题。

其次，要研究我应该怎样利用这些问题？从哪一点切入？发现问题的目的是充分利用它有效地打击对方。

最后，还要研究要驳倒对方我们需要什么证据？

第三步：研究我方提交的证据材料

仔细阅读我方提交的证据材料后，对下列问题作出初步分析和判断：

（1）我方律师的代理思路应该是什么？

（2）这些证据能够证明哪些事实？凭这些证据和事实能否进行有效的反击？

（3）对照你在第二步中确定的本案所需证据和这位律师提交的证据，看看有哪些出入？思考为什么存在这些差异？这是找出和老律师之间差距的过程。当然，比对的结果也可能是，你发现老律师在办案中有不少问题，认为自己的方案才是正确的。这说明你具备了一定的案件分析能力。

也许，你的分析和方案才是正确的。我们要对自己有信心，不能迷信权威。

第四步：对本案作出自己的结论

（1）本案的要害在哪儿？

（2）本案的性质即主要法律关系是什么？

（3）原告的胜算有多大？为什么？原告致命的问题是什么？

（4）如果你是本案的代理律师，你的诉讼策略是什么？你想从哪一点切入？你有多大的胜算？你认为对我方最不利的点是什么，能不能解决，如何解决？

律师要善于自己得出结论，而不是看别人的结论。这就像小时候算数学题，应该先由自己算出结果，然后再去核对答案。

第五步：写出《案件研究报告》

仔细阅读办案律师的代理词和判决书，结合自己的分析结论找出差距，写出《案件研究报告》。只有把前四个步骤做得足够扎实，才能真正领悟自己的问题和不足，才能写出有价值的《案件研究报告》。

以上就是研究案件的整个过程。从中大家可以看出，研究和学习是有很大区别的。研究是主动发现问题并思考解决问题的方法，而学习是被动接受他人分析的结果和提出的方案。如果你在执业之初，能够如此系统地研究十个以上案例，写出十份以上《案件研究报告》，我相信你的案件分析能力一定会有意想不到的飞跃，抓住案件要害的能力和提出有效解决方案的能力一定会得到突破性的提高，那个时候，你必然会表现出与众不同的谈案能力。

几年前，有个律师朋友请我帮他研究一个案件。由于这个案件比较复杂，所以，我研究后写了一份比较详细的《案件研究报告》，其中包括质证意见、代理意见、反诉状、反诉代理意见等办理该案所需的法律文书。

我把这份《案件研究报告》附在下面，供大家参考。

案件研究报告

一、案情摘要

1. 诉讼当事人：

原告：李某，男，1981 年生，住北京市朝阳区。

被告一：顾某曦，男，1982 年生，住北京市通州区。

被告二：顾某舜，男，1954 年生，住北京市通州区。被告二为被告一的父亲。

2. 起诉时间：2019年6月5日。

3. 案由：民间借贷纠纷。

4. 诉讼请求：

（1）请求法院判令被告一支付借款本息合计人民币80万元；

（2）请求法院判令被告一支付违约金合计人民币16万元；

（3）请求法院判令被告一自2019年3月16日起按日千分之五支付逾期还款滞纳金直至本息全部付清为止，截至2019年6月5日，滞纳金暂计人民币30万元；

（4）请求法院判令被告一支付律师费人民币5万元；

（5）请求法院判令被告二对诉讼请求第1项至第4项全部款项承担连带保证责任；

（6）请求法院判令本案诉讼费由二被告承担。

5. 起诉状陈述的事实与理由。

原告分别于2013年6月21日、2013年8月28日、2014年1月8日，向被告一出借50万元、25万元、25万元，约定借款利息为每月2%。2015年1月23日、24日被告一两次偿还本金，共计人民币30万元，届时欠款本金人民币70万元整。随后原告多次要求被告一返还剩余欠款未果。直至2019年1月28日，双方为明确权利义务，确认欠款金额及还款时间等事项签署《借款合同》，自约定之日起至2019年2月28日止，借款本息合计80万元整，包括本金、利息、逾期利息、违约金、滞纳金等。同时约定由被告一提供其名下房产、机动车对上述债务予以抵押担保，但因其拒不配合办理抵押登记，导致至今未能办理抵押登记担保。

2019年3月1日，原告向被告一催要欠款过程中，被告二自愿用其名下安徽老家商品房一套为被告一向原告提供连带责任担保。现借款期限早已届满且被告一尚未清偿债务，二被告之行为已严重侵害原告合法权益，故特向法院提起诉讼。

6. 被告一讲述的基本案情：

（1）原告起诉状里所讲的借款金额、时间都无误。借款当时有三份邮件往来的《借款合同》，但这三份《借款合同》的纸质版都找不着了。

（2）该借款用于北京传媒公司经营。双方之间没有其他业务往来。

（3）2014年1月29日至2019年3月22日，被告一陆续向原告还款，共计121.3万元。被告一妻子说，其中本金98.5万元，利息22.8万元。

（4）2019年1月28日，在被告一所住小区的地下车库，被告一受胁迫签订新的《借款合同》；2019年2月4日，还是在该地下车库，又被迫签订《主债权及不动产抵押合同》。

（5）2019 年 3 月 1 日，原告和他舅舅直接上门，逼迫被告一签订《还款计划》（欠款额 73.4 万元），又让被告二写《担保书》，用老家的房子做抵押，但一直没有办理抵押登记。

（6）2019 年 4 月 13 日，原告带两个人到被告一家里索债，又逼迫被告一签订《还款计划》（欠款额 80 万元）。因两个孩子在家，被告一报警。

（7）2019 年 4 月 30 日，被告一的妻子与原告通电话，谈借款和还款的情况。

（8）2019 年 5 月 3 日，原告和他舅舅在被告一家里威胁两个孩子。

（9）原告起诉。

二、原告的证据和诉讼策略

原告在起诉时提交五份证据：

1. 2019 年签订的《借款合同》

证明目的：原告和被告之间存在民间借贷法律关系，且被告一存在违约行为。

2.《主债权及不动产抵押合同》

证明目的：被告一未按约定办理抵押登记，违反《借款合同》的约定。

3.《转账凭证》

证明目的：原告已向被告一支付借款。

4. 欠款额 80 万元的《还款计划》

证明目的：被告一未按还款计划清偿欠款，应承担违约责任。

5.《担保书》

证明目的：被告二应为诉争债务向原告承担连带保证责任。

原告提交的这些证据，除了《转账凭证》其他都是 2019 年新形成的证据，是原告用威胁、逼迫等手段让二被告签署的。从原告的这一系列动作中我们不难看出，这是精心设计的诉讼。

原告的诉讼策略应该是：

第一，尽可能让诉讼简单化。因为如果用借款时签订的三份合同起诉，那么，被告一这些年的还款究竟还的是哪一笔借款，还款中有多少是本金有多少是利息，难以说清，计算起来也非常麻烦。

第二，通过重新签订《借款合同》和《还款计划》，明确以前的还款基本都是利息，本金几乎未还，这样就可以提高被告一欠款的数额。

第三，把被告二拉进来，保证胜诉之后可以执行到位。

三、我方的证据及当事人的诉求

当事人手里的证据：

1. 两份与原告谈话的录音

证明目的：原告承认收到121万元还款；原告到被告一家里，威胁、恐吓老人和孩子。

2. 三张照片

证明目的：原告到被告一家里，威胁、恐吓老人和孩子，胁迫二被告签署《还款计划》《担保书》。

3. 两张照片

证明目的：原告为了索债，在被告一所在单位的出入门上张贴血红色的大字报。

4. 还款记录及相关凭证

证明目的：被告一积极还款，已还清本金，并支付利息22.8万元。

当事人的诉求：

当事人认为，自己已经还了121多万元，不应该再还钱。但是，当事人心里清楚，还应该支付一些本金和利息。按我最保守的计算，需要再支付60余万元。

四、我方的诉讼策略和方案

我方的主要诉讼策略：

1. 追本溯源

把借款时签订的三份老合同搬出来，作为计算本金和利息的依据。

2. 反客为主

要想“追本溯源”，就必须“反客为主”，即反诉。通过反诉，否定2019年签订的新合同，并控告原告的行为具有高利贷、“套路贷”性质，涉嫌违法犯罪。

我方具体的诉讼方案如下：

诉讼方案

根据现有的证据，制定如下初步的方案：

第一步：推翻2019年《借款合同》，不让它成为定案的依据。

我们应提起反诉，请求法院撤销2019年《借款合同》及其三份从合同。理由是：

1. 合同内容明显不符合事实，违背常理，而且显失公平

被告一明明还了110万元，合同中却只写还款30万元，双方又没有其他的债权债务关系，正常来讲这不可能。由此可以推定，该合同是在被胁迫的情况下签订的，因此应该撤销。

2. 原告的行为基本符合当前中央严厉打击的高利贷、“套路贷”的特征

（1）原告和被告一于2013年和2014年签订三份《借款合同》，被告一按照该合同已经履行还本付息的义务，但是，原告又强迫被告一（在地下车库）签订新的借款合同（2019年《借款合同》），通过在合同里少写还款金额的方式来虚增借款金额，并且肆意认定违约。这也是为什么原告没有用2013年《借款合同》而是用2019年《借款合同》起诉的原因，这就是“套路”。他们用这种方式，获取高额的利息。

本案中，被告一不到三年就还了90万元，即使按照民间借贷的最高利息计算，被告一应付的利息也只有80多万元。而按照现在原告的“套路”索要欠款，原告则可获得差不多140万元利息。这是以“非法占有”为目的，有计划进行的严重违法犯罪行为。

（2）原告逼迫被告一签订2019年《借款合同》之后，又紧接着逼迫被告一签订《主债权及不动产抵押合同》《还款计划》，甚至还强迫被告一的父亲（被告二）签署《担保书》，这“套路”非常明显，与当前重点打击的高利贷、“套路贷”案件非常相似，根本不是正常的讨债。因此，根据《最高人民法院关于依法妥善审理民间借贷案件的通知》的规定，应该撤销原告与被告一签订的

2019年《借款合同》，防止原告将非法行为合法化，利用民事判决堂而皇之地侵占被害人（二被告）财产，并且驳回本诉中原告的起诉，将涉嫌犯罪的线索和材料移送公安机关。

第二步：如果法院撤销了2019年《借款合同》，我们则主张按照2013年《借款合同》约定的二分利计算利息。

我们应该向法院提出申请，让原告拿出2013年《借款合同》。被告截至2016年年末就已经偿还89.91万元，因此，按照2013年《借款合同》约定的二分利计算，利息不超过85万元。而现在按照原告的诉讼请求，被告一可能要支付140万元以上的利息和违约金。

这里我们要主张，被告一的还款是按照"先借先还"原则对三笔借款还本付息的，这是非常重要的原则。

第三步：假如法院判决不予撤销2019年《借款合同》，我们则主张该合同主要内容（还款30万元的事实）有误，明显与事实不符，应该按照实际还款额进行更正。

2014年1月29日~2019年3月22日，被告一陆续向原告还款，共计121.3万元，其中本金66.74万元，利息54.56万元（按我的计算方法）。

另外，被告一一直按合同履行，所以不存在违约问题。

第四步：我们着重强调，本案的关键在于弄清三个事实：

（1）被告一借款是多少钱；（2）被告一应该还多少钱；（3）被告实际还了多少钱。

这要依据2013年的三份《借款合同》详细计算。被告一分三次借款98.5万元，总共还款121.3万元。

现在的问题是，被告一应该支付多少利息？按现有的证据情况，在双方没有拿出2013年的三份《借款合同》的情况下，无法认定利息。所以，除非原告拿出证据，否则，应该认定利息没有约定。如果双方对利息有争议，又没有证据，那应该认定利息约定不明。不管哪种情况，被告一支付了23万元利息（按照被告一的计算方法）是事实，因此我们应该主张被告一已经履行了借款人的义务。

这是以攻为守的方案，其中反诉和控告都是比较强硬的手段，特别是控告原告的行为涉嫌犯罪。所以，这个方案是否执行或能否执行到位，关键在于当事人的决心是否坚定，是否能够在任何情况下都信任律师，全力支持律师的工作。当然，律师也需要有执行这一方案的勇气。

另外，此案中，原告的讨债行为确实比较过分，但被告一似乎也不诚信，双方之间纯粹是利益之争。因此，我方当事人（被告一）很可能在某种诱惑下改变态度，我们必须特别小心谨慎，在办案过程中一定要做好必要的笔录，保存好微信聊天记录等往来证据，防范可能发生的执业风险。在民间借贷案件中，律师稍不注意就可能牵涉虚假诉讼、诈骗等犯罪活动中。

五、质证意见

对原告的证据提出以下质证意见：

（一）关于2019年《借款合同》

（1）该合同是以合法形式掩盖非法目的的合同，并且违反法律、行政法规的强制性规定，因而应认定无效（详见代理意见）。

（2）该合同不能作为定案的依据，因为它缺乏客观真实性，没有反映被告一还本付息的客观事实。第一条关于已付本金30万元和尚欠本金70万元的表述与事实明显不符。事实上被告一已经付清本金98.5万元，并给付利息22.8万元。

（二）关于《主债权及不动产抵押合同》

该合同不是被告一的真实意思表示，它是2019年《借款合同》的从合同，主合同被认定无效，从合同也随之失去效力。

（三）关于《转账凭证》

对其真实性没有异议。《转账凭证》证明被告一借款的次序和金额是50万元、25万元、23.5万元，借款总额是98.5万元（不是100万元）。2014年1月18日，原告借出25万元时，直接扣除1.5万元砍头息，按法律规定这部分金额不能计入借款本金，但该行为说明原告是专业的高利贷放贷人。

（四）关于《还款计划》

（1）《还款计划》不是被告一的真实意思表示，它是2019年《借款合同》的从合同，主合同被认定无效，从合同也随之失去效力。

（2）《还款计划》不能作为定案的依据，因为它缺乏客观真实性，没有反映被告一给付的客观事实。2019年1月18日，被告一被迫签署《借款合同》之后，不堪折磨，又付给原告11.3万元，这笔还款没有体现在《还款计划》里。

（3）《还款计划》中关于滞纳金的规定是违法的，因而无效。首先，滞纳金只有行政机关才有权收取，它在法律上是执行罚的一种形式，原告没有资格向被告一收取滞纳金，即使被告一同意支付滞纳金也是无效约定，何况是被胁迫的。其次，如果按原告的说法，原先约定的利息是二分利，已经达到法律规定的上限，原告不能通过《借款合同》《还款计划》等方式规避法律，得到超出年利率24%的非法收益。这是高利贷、“套路贷”的做法。

退一万步讲，假设该滞纳金的规定有效，原告计算的金额也完全错误。被告一签署2019年《借款合同》后，在2019年3月15日前已经给付9.3万元，2019年3月22日又给付2万元。因此，《还款计划》中的第一笔10万元基本没有利息；第三笔50万元的还款期限截止日是2019年5月30日，而原告于2019年6月5日就起诉了，因此起诉时也基本上没有产生利息。现在只剩下第二笔20万元，扣除已经还的11.3万元，余款的利息从2019年4月1日计算到6月5日共64天，应该是5.98万元，而不是30万元。

（五）关于《担保书》

它证明原告用威胁、恐吓的方式恶意讨债，因为成年子女借款在一般情况下没有必要让被告的父母提供担保。被告一已经在《借款合同》和《主债权及不动产抵押合同》中抵押了两辆价值七八十万元的轿车和一套价值六七百万元的房子，而所谓债权只有80万元。

注：这份质证意见用于没有提起反诉时。

六、本诉代理意见

代理意见

原告的诉讼请求没有事实和法律依据，应依法驳回。具体分析如下：

（一）关于2019年《借款合同》及其从合同

原告胁迫被告一签署的2019年《借款合同》及其从合同，是以合法形式掩盖非法目的的合同，违反了法律、行政法规的强制性规定，根据《合同法》[①] 第52条第3项、第5项（现行《民法典》

① 现已失效。

第146条、第153条）的规定，应认定无效。

原告为了索取高利贷，精心设计并实施了一整套计划。

第一，胁迫被告一签署2019年《借款合同》，强立债权，虚增债务，设置违约陷阱。

2013年6月21日、2013年8月28日、2014年1月8日，被告一分别从原告处借款50万元、25万元、23.5万元。之后，被告一不间断地积极还款，不仅还清了本金，还给付了22.8万元利息。

但是，原告于2019年又逼迫被告一签署新的《借款合同》。该合同是原告肆意编造的，其内容与事实严重不符。截至签署该合同的2019年1月28日，被告一已经向原告支付本息共计110万元（后来又给付11.3万元）。然而，原告在该合同中只写了已偿还30万元，生生抹去已经偿还的80万元，由此变成被告一尚欠原告70万元本金，再加10万元利息，被告一的债务瞬间从0增加到80万元。

不仅如此，原告又在2019年《借款合同》中精心设置了一个违约陷阱。该合同第4条约定："……如乙方（被告一）不配合办理抵押手续，应向甲方（原告）支付债权总额20%的违约金。"事实上，自签署2019年《借款合同》之后，原告多次闯入被告一的家里、单位滋事（有时纠集两三个人来滋事），但是从来没有要求被告一去办理抵押手续，因为原告的目的根本不是真正的抵押，而是制造违约假象，然后通过诉讼索要巨额违约金。该违约金和《还款计划》中的滞纳金，是通过原先的约定无法实现的，因此原告需要制定新的合同，重新确认所谓的债权债务，这就是原告胁迫被告一签署2019年《借款合同》的主要目的之一。因为按照原告的说法，2013年借款时约定的是二分利，已经达到法律规定的上限，因此，如果没有新的合同，其根本无法在二分利之外再索要违约金或滞纳金等本金之外的费用。

第二，胁迫被告一签署《还款计划》，规定所谓的滞纳金。

2019年3月1日，原告伙同他的舅舅和一个不明身份的人闯入被告一家里，恐吓老人和两个孩子，胁迫被告一签署《还款计划》。该《还款计划》与2019年《借款合同》一样，完全是原告肆意编造的，其内容严重背离事实。自2019年1月28日被迫签署《借款合同》之后，被告一不堪折磨，又付给原告11.3万元，但该事实在《还款计划》中丝毫没有体现。因为原告的目的不是督促被告一还款，而是规定巨额滞纳金（对应诉讼请求中的30万元），以便通过诉讼合法地索取。

第三，为了增加威胁、恐吓的力度，胁迫被告一的父亲（被告二）签署所谓《担保书》。

2019年3月1日，原告伙同他的舅舅和一个不明身份的人闯入被告一家里，不仅胁迫被告一签署了《还款计划》，而且胁迫被告一的父亲（被告二）签署了《担保书》。此前，在原告的胁迫下，被告一先后抵押了两辆价值七八十万元的轿车以及一套价值六七百万元的房屋。即使按2019年《借款合同》计算，被告一的债务也只有80万元，上面车辆和房屋的抵押足以担保这些债权的实现，根本没必要再让被告一的父母抵押房产。原告这么做的目的，就是逼迫被告一给付不应给付的巨额财产。

原告通过一系列精心策划的步骤，拿到了2019年《借款合同》等形式合法的法律文书，将二被告起诉到法院。但如前分析，这些法律文书中隐藏着原告试图获取巨额高利贷利益的非法目的。

（二）若满足原告的诉讼请求，则原告以各种名目获得的利息可达到年利率55%，是典型的高利贷，原告的非法目的十分明显

按照原告的诉讼请求来计算，被告一应该支付的本息至少是242.3万元。其中，利息、违约金、滞纳金等本金之外的款项就高达143.8万元，而这143.8万元巨款完全是2019年1月28日之后，通过原告的一整套有计划的行动产生的。2019年1月28日，胁迫被告一签署《借款合同》，于是有了所谓的80万元本息及16万元（80万元的20%）违约金。2019年3月1日，又逼迫被告一签署《还款计划》，于是产生了30万元所谓的滞纳金。可见，这143.8万元的巨额债务，完全是原告通过胁迫手段一步步制造出来的，只是从形式上看好像非常“合法”。

不过，这些手段经不起推敲。80万元债务是如何产生的前面已经分析过，在此不再赘述。现在看看违约金、滞纳金的设计，这完全是为了规避法律，因为法律规定利息总额超过年利率24%的不予支持。可见，原告是极为专业的高利贷放贷人。而设计陷阱，肆意制造违约，属于典型的“套路贷”违法行为。

另外，在本案中，被告一根本不存在违约，因此，这16万元所谓的违约金没有任何事实依据。至于《还款计划》中滞纳金的约定更是违法，完全是无效的约定。滞纳金只有行政机关才有权收取，它在法律上是执行罚的一种形式，原告根本没有资格向被告一收取滞纳金。

那么，本案中正常的利息应该是多少呢？双方的约定是10万元，这是原告自己提交的材料（2019年《借款合同》）中反映出来的，说明是原告的真实意思表示。如果原告认为约定的利息不是10万元，则按照目前的证据属于利息约定不明。2015年《最高人民法院关于审理民间借贷案件适用法律若干问题的规定》第25条规定:“自然人之间借贷对利息约定不明，出借人主张支付利息的，人民法院不予支持。”[①] 也就是说，没有约定利息时，出借人无权主张利息，但已经支付的22.8万元利息也无须退还。这

---

① 现为《最高人民法院关于审理民间借贷案件适用法律若干问题的规定》（2020第二次修正）第24条。

22.8万元利息，高于按年利率6%给付的资金占用费。考虑原告的行为具有“套路贷”特征（至少是高利贷），带有明显的违法性，因此，被告一给付高于资金占用费的利息，已经履行了借款人应该履行的义务。

退一万步讲，即使按照月息二分利计算，98.5万元借款产生的利息也只有80多万元，因为被告一大额的还款都发生在前三年。月息二分利（年利率24%）已经是民间借贷的最高利息，但原告索要的利息竟然是它的二倍多，约达到月息五分利。这显然是高利贷，是法律不允许的。原告非常清楚这一点，所以设计了一套方案，通过组织社会闲散人员，骚扰、威胁、逼迫被害人（二被告）签署2019年《借款合同》《还款计划》《担保书》等法律文书，强立债权、肆意虚增债务、制造违约，约定巨额违约金、滞纳金，然后起诉，试图通过诉讼将非法收益合法化。

由上可见，原告希望通过本案得到的利益是巨额的高利贷，而不是正常的借款利息。本案中的2019年《借款合同》及其从合同，是原告精心策划的以合法形式掩盖非法目的的载体，而放高利贷牟取暴利是法律法规明令禁止的违法行为。因此，这些合同依法应认定无效。原告的诉讼请求也应该依法驳回。

该案第一次开庭时出现了不少新情况，我根据律师朋友讲述的庭审情况，补充了以下代理意见。需要说明的是，由于这次庭审中，原告提交了原、被告于2013年、2014年签订的《借款合同》，因此，我们不能再坚持被告一对还款本息的计算方法，即偿还的121.3万元中本金为98.5万元，利息为22.8万元。我根据这三份合同约定的利息（月息二分利），详细计算了被告一已经偿还的本金和利息。

补充代理意见

（一）关于三份《借款合同》的履行

1.原告和被告一分别于2013年6月21日、2013年8月28日、2014年1月8日签订《借款合同》，借款金额分别为50万元、25万元、23.5万元。这三份合同是独立的合同，应分别履行。因此，正常来说也应该分别起诉，因为每份合同包含的诉讼权利存在差异，如诉讼时效。

2.三份《借款合同》履行的顺序。

《最高人民法院关于适用〈中华人民共和国合同法〉若干问题的解释（二）》第20条规定："债务人的给付不足以清偿其对同一债权人所负的数笔相同种类的全部债务，应当优先抵充已到期的债务；几项债务均到期的，优先抵充对债权人缺乏担保或者担保数额最少的债务；担保数额相同的，优先抵充债务负担较重的债务；负担相同的，按照债务到期的先后顺序抵充；到期时间相同的，按比例抵充。但是，债权人与债务人对清偿的债务或清偿顺序有约定的除外。”

本案中，原告与被告一没有约定三笔债务的清偿顺序，而被告一的给付显然不足以清偿对原告所负的全部债务，因此，应该按上述原则，先借先还，先清偿2013年6月21日借款本息，再清偿2013年8月28日借款本息，最后清偿2014年1月8日借款本息。按照“优先抵充债务负担较重的债务”这一原则，也应该按此顺序清偿债务。而实际上原告与被告一也是按这个顺序履行的。

3. 三份《借款合同》履行（三笔债务清偿）情况。

原告与被告一在《借款合同》中没有约定借款期限，因此，根据《合同法》第206条的规定，借款人可以随时返还。且已经支付的本金，不能继续计算利息。

具体计算方法是，对每一笔还款，分别根据还款时产生的利息，按照先冲抵利息再冲抵本金的原则进行认定。[①]

下面详细分析三份《借款合同》的履行情况：

第一份《借款合同》履行情况

2013年6月21日签订，借款额50万元。按合同约定，每月支付1万元利息，多支付的金额冲抵本金。

① 国家法官学院案例开发研究中心编：《中国法院2018年度案例》（民间借贷纠纷），中国法制出版社2018年版，第141～145页。

（1）2013 年 7 月至 12 月，被告共支付 65, 000 元，应支付利息（6 个月）60, 000 元，故 5000 元应冲抵本金。因此，2014 年 1 月起，应计算利息的本金为 49.5 万元。

（2）2014 年 1 月支付 20, 000 元，应支付利息（49.5 万元 ×0.02 = 9900 元）9900 元。故剩余 10, 100 元冲抵本金。因此，2014 年 2 月起，应计算利息的本金为（50–0.5–1.01 = 48.49）48.49 万元。

（3）2014 年 3 月 1 日支付 20, 000 元，这是 2 月（合同约定 2 月 28 日）应该支付的。2 月应付利息（48.49 万元 ×0.02 = 9698 元）9698 元。故剩余 10, 302 元冲抵本金。因此，2014 年 3 月起，应计算利息的本金为（50–0.5–1.01–1.03 = 47.46）47.46 万元。

（4）2014 年 4 月 1 日支付 20, 000 元，这是 3 月应该支付的。3 月应付利息（47.46 万元 ×0.02 = 9492 元）9492 元。故剩余 10, 508 元冲抵本金。因此，2014 年 4 月起，应计算利息的本金为（50–0.5–1.01–1.03–1.05 = 46.41）46.41 万元。

（5）2014 年 4 月、5 月利息未支付，应支付利息（46.41 万元 ×0.02×2 = 18, 564 元）18, 564 元。

（6）2014 年 6 月应支付利息 9282 元。2014 年 7 月 3 日支付 20, 000 元，扣除 4 月、5 月、6 月应支付的利息 27, 846 元，本期尚欠利息 7846 元。

（7）2014年7月利息未支付，应支付利息（46.41万元×0.02＝9282元）9282元。

（8）2014年8月应支付利息9282元。2014年9月3日支付20, 000元，扣除7月和8月应支付的利息共计18, 564元及前期尚欠利息7846元，共计26, 410元，本期尚欠6410元。

（9）2014年9月、10月、11月利息未付，每月应支付利息（46.41万元×0.02＝9282元）9282元，即三个月利息为27, 846元。

（10）2014年12月6日、7日各支付10, 000元，即共支付20, 000元，扣除9月、10月、11月应支付的利息27, 846元，本期尚欠利息14, 256元。

（11）2015年1月23日支付20万元，扣除2014年12月应支付的利息9282元以及11月尚欠利息14, 256元，剩余17.65万元冲抵本金。因此，2015年1月起，应计算利息的本金为（50−0.5−1.01−1.03−1.05−17.65＝28.76）28.76万元。

（12）2015年1月24日支付12万元，扣除2015年1月应支付的利息（28.76万元×0.02＝5752元）5752元，剩余11.42万元冲抵本金。因此，2015年2月起，应计算利息的本金为（50−0.5−1.01−1.03−1.05−17.65−11.42＝17.34）17.34万元。

（13）2015年2月至8月未付款，此6个月每月利息为

（17.34 万元 ×0.02 = 3468 元）3468 元，共计 20, 808 元。

（14）2015 年 9 月 19 日支付 5000 元、20 日支付 2000 元，相当于支付 2 月、3 月利息以及部分 4 月利息，扣除之后尚欠利息 13, 808 元。

（15）2015 年 9 月至 12 月利息未付，共计（3468 元 ×4 = 13, 872 元）13, 872 元。加上前期尚欠利息，至此尚欠利息总计 27, 680 元。

（16）2016 年 1 月 28 日支付 60, 000 元，扣除尚欠利息 27, 680 元和 1 月利息 3468 元，剩余 28, 852 元冲抵本金。因此，2016 年 2 月起，应计算利息的本金为（50–0.5–1.01–1.03–1.05–17.65–11.42–2.89 =14.45）14.45 万元。

（17）2016 年 2 月 17 日支付 61, 000 元，扣除 2 月利息（14.45 万元 ×0.02 = 2890 元）2890 元，剩余 58, 110 元冲抵本金。因此，2016 年 3 月起，应计算利息的本金为（50–0.5–1.01–1.03–1.05–17.65–11.42–2.89–5.81 = 8.64）8.64 万元。

（18）2016 年 3 月、4 月利息未付，每月利息应为（8.64 万元 ×0.02 = 1728 元）1728 元，共计 3456 元。

（19）2016 年 5 月 31 日支付 80, 000 元，扣除 3 月、4 月、5 月利息共（1728 元 ×3 = 5184 元）5184 元，剩余 74, 816 元冲抵本金。因此，2016 年 6 月起，应计算利息的本金为（50–0.5–

1.01－1.03－1.05－17.65－11.42－2.89－5.81－7.48＝1.16）1.16万元。

（20）2016年6月19日支付6000元、6月20日支付6000元，扣除6月利息（11, 600元×0.02＝232元）232元，剩余11, 768元冲抵本金。此时，尚欠本金只有1.16万元。故第一笔借款50万元，连本带息支付完毕，共支付72.5万元，其中本金50万元，利息22.5万元。

至此，2013年6月21日所借款项50万元的本息，于2016年6月19日偿还完毕，即第一份《借款合同》履行完毕。

第二份《借款合同》履行情况

2013年8月28日签订，借款额25万元。每月支付利息5000元。

（1）截至2016年6月19日（第一份《借款合同》履行完毕之日），这笔25万元借款共产生利息（5000元×34个月＝170, 000元）17万元。从2016年6月20日开始，先支付这部分利息。

（2）2016年6月20日至2018年3月12日，共支付26.1万元，扣除前面17万元利息，以及从2016年6月20日到2018年2月末产生的利息（5000元×20个月＝100, 000元）10万元，尚欠0.9万元利息。

（3）2018年3月24日支付20, 000元，扣除尚欠的0.9万元利息以及3月利息5000元，剩余6000元冲抵本金。因此，自2018年4月起，应计算利息本金为（25–0.6 = 24.4）24.4万元。

（4）2018年4月9日支付7000元，扣除4月利息（24.4万元 ×0.02 = 4880元）4880元，剩余2120元冲抵本金。因此，2018年5月起，应计算利息的本金为（25–0.6–0.21 = 24.19）24.19万元。

（5）2018年5月2日支付14, 000元，扣除5月利息（24.19万元 ×0.02 = 4838元）4838元，剩余9162元冲抵本金。因此，2018年6月起，应计算利息的本金为（25–0.6–0.21–0.92 = 23.27）23.27万元。

（6）2018年6月12日支付10, 000元，扣除6月利息（23.27万元 ×0.02 = 4654元）4654元，剩余5346元冲抵本金。6月又支付两笔：6月15日支付3000元、6月20日支付1000元，由于上面已扣除6月利息，故这4000元全部冲抵本金。因此，2018年7月起，应计算利息的本金为（25–0.6–0.21–0.92–0.93 = 22.34）22.34万元。

（7）2018年7月4日支付14, 000元，扣除7月利息（22.34万元 ×0.02 = 4468元）4468元，剩余9532元冲抵本金。因此，2018年8月起，应计算利息的本金为（25–0.6–0.21–0.92–0.93–0.95 = 21.39）21.39万元。

（8）2018 年 8 月 29 日支付 15, 000 元，扣除 8 月利息（21.39 万元 ×0.02 = 4278 元）4278 元，剩余 10, 722 元冲抵本金。因此，2018 年 9 月起，应计算利息的本金为（25–0.6–0.21–0.92–0.93–0.95–1.07 = 20.32）20.32 万元。

（9）2018 年 9 月 27 日支付 30, 000 元，扣除 9 月利息（20.32 万元 ×0.02 = 4064 元）4064 元，剩余 25, 936 元冲抵本金。因此，2018 年 10 月起，应计算利息的本金为（25–0.6–0.21–0.92–0.93–0.95–1.07–2.59 = 17.73）17.73 万元。

（10）2018 年 10 月、11 月、12 月三个月没有支付利息，应付利息共计（17.73 万元 ×0.02×3 = 10, 638 元）10, 638 元。

（11）2019 年 1 月 28 日支付 40, 000 元，扣除尚欠 10, 638 元利息以及当月利息 3546 元，剩余 25, 816 元冲抵本金。2019 年 1 月 29 日又支付 40, 000 元，因为当月利息已经扣除，故这 4 万元全部冲抵本金。因此，2019 年 2 月起，应计算利息的本金为（25–0.6–0.21–0.92–0.93–0.95–1.07–2.59–6.58 = 11.15）11.15 万元。

（12）2019 年 2 月支付 13, 000 元，扣除 2 月利息（11.15 万元 ×0.02 = 2230 元）2230 元，剩余 10, 770 元冲抵本金。因此，2019 年 3 月起，应计算利息的本金为（25–0.6–0.21–0.92–0.93–0.95–1.07–2.59–6.58–1.08 = 10.07）10.07 万元。

（13）2019 年 3 月 22 日支付 20, 000 元，扣除 3 月利息

（10.07 万元 ×0.02 = 2014 元）2014 元，剩余 17, 986 元冲抵本金。因此，2019 年 4 月起，应计算利息的本金为（25–0.6–0.21–0.92–0.93–0.95–1.07–2.59–6.58–1.08–1.80 = 8.27）8.27 万元。

（14）从 2019 年 4 月起，这笔 25 万元借款每月利息应为（8.27 万元 ×0.02 = 1654 元）1654 元。故截至 2019 年 6 月 5 日起诉日，欠 4 月、5 月两个月利息，即 3308 元。

综上，截至 2019 年 6 月 5 日起诉日，第二笔借款共支付了 488, 000 元，其中，利息 320, 610 元，本金 167, 390 元，即 2013 年 8 月 28 日《借款合同》履行了大部分，尚欠本金 8.27 万元，以及利息 3308 元，共计 86, 008 元。

（注：由于四舍五入，存在计算误差。）

第三份《借款合同》履行情况

2014 年 1 月 8 日签订，借款额 23.5 万元。至今未能履行。

截至 2019 年 6 月 5 日起诉日，应付利息为 235, 000 元 ×0.02×65 个月 = 305, 500 元。

即这笔借款连本带息需要支付 235, 000 元 + 3, 055, 500 元 = 540, 500 元。

总结：原告与被告一先后签订的三份《借款合同》中，第一份合同即 2013 年 6 月 21 日《借款合同》已经履行完毕；第二份合同即 2013 年 8 月 28 日《借款合同》履行了大部分，截至起诉日尚欠本息86, 008元；第三份合同即2014年1月8日《借款合同》尚未履行，截至起诉日尚欠本息共计540, 500元。以上合计，被告一需要支付626, 508元。

4. 关于三份《借款合同》中规定的每日千分之三的违约金。

首先，合同中的该约定无效。2015年《最高人民法院关于审理民间借贷案件适用法律若干问题的规定》第30条规定："出借人与借款人既约定了逾期利率，又约定了违约金或者其他费用，出借人可以选择主张逾期利息、违约金或者其他费用，也可以一并主张，但总计超过年利率24%的部分，人民法院不予支持。"[①]

该司法解释第28条还规定，即使重新出具债权凭证的情况下，借款人在借款期间届满后应当支付的本息之和，不能超过以最初借款本金与以借款本金为基数，以年利率24%计算的整个借款期间的利息之和。出借人请求借款人支付超过部分的，人民法院不予支持。[②] 也就是说，年利率24%是人民法院坚守的利率红线，当事人不能以违约金、逾期利率、滞纳金等名义突破这个红线，否则，高利贷就变成合法了。

① 现对应为《最高人民法院关于审理民间借贷案件适用法律若干问题的规定》（2020第二次修正）第29条。

② 现对应为《最高人民法院关于审理民间借贷案件适用法律若干问题的规定》（2020第二次修正）第27条。

本案中，原告和被告一在《借款合同》中约定的利率已经是法律允许的最高利率，即年利率24%，因此，在此之外约定的违约金属于无效条款。

其次，日千分之三的违约金等于月息九分利，相当于年利率108%，这是明显的高利贷，是出借人凭借签订《借款合同》时的优势地位强加给借款人的不平等约定，是法律不允许的无效条款。

（二）关于原告变更的诉讼请求

原告要求给付78万元本金，并支付年利率24%的利息，该请求没有任何法律和事实依据，应予驳回。

首先，原告提出诉求的依据非常混乱。原告起诉时的主要证据是2019年《借款合同》，如果以此为依据，则不存在24%的利息问题，因为2019年《借款合同》中明确约定了利息是10万元。如果以后提交的2013年、2014年《借款合同》为依据，则不存在78万元的本金，因为78万元本金来自2019年《借款合同》的从合同《还款计划》。

其次，原告不能同时根据2013年、2014年《借款合同》和2019年《借款合同》提出诉求。如果2019年《借款合同》是合法有效的，那么，它作为新的合同，是对债权债务的重新确认和对债务利息等事项的重新约定。因此，必须根据这份新的合同提出诉求。而如果2019年《借款合同》被撤销或被认定无效，那么，双方需要对最初签订的三份《借款合同》的履行情况进行计算和核对，因此，原告现在提出的给付 78 万元本金的主张没有事实依据。

（三）关于原告向被告一提供劳务问题

第一，这个问题及其证据与本案无关。

第二，原告与被告一之间不存在劳务关系，不存在支付劳务费的问题。如果原告给被告一所在的单位提供过劳务，那是原告与被告一所在单位之间的法律关系，与被告一无关。

第三，原告提供的证据不足以证明，被告一支付的款项中包括所谓劳务费。

七、反诉材料

反诉材料由反诉状、证据目录、反诉代理意见三部分组成。

（一）反诉状

反　诉　状

反诉人一（本诉被告一）：顾某曦，男，19×× 年 ×× 月 ×× 日出生。

身份证号码：　　　　　　　　联系电话：

住址：北京市通州区。

反诉人二（本诉被告二）：顾某舜，男，19×× 年 ×× 月

××日出生。

身份证号码：　　　　　　　　联系电话：

住址：北京市通州区。

被反诉人（本诉原告）：李某，男，19××年××月××日出生。

身份证号码：　　　　　　　　联系电话：

住址：北京市朝阳区。

二反诉人现因民间借贷纠纷一案，对被反诉人提起反诉。

反诉请求

（1）判令撤销反诉人一与被反诉人于2019年1月28日签订的《借款合同》以及2019年3月1日签订的《还款计划》（还款协议）；

（2）判令撤销反诉人二与被反诉人于2019年3月1日签订的《担保书》（担保协议）；

（3）判令被反诉人承担本案诉讼费用。

事实与理由

反诉人一分别于2013年6月21日、2013年8月28日、2014年1月8日从被反诉人处借款50万元、25万元、23.5万元。之后，反诉人一积极偿还借款本息，累计偿还121.3万元，其中本金98.5万元，利息22.8万元，完全履行了借款人义务。

然而，被反诉人为了获取巨额的高利贷收益，不断骚扰、威胁、恐吓反诉人一及其家人。2018年10月18日、12月12日，被反诉人在反诉人一的公司大楼出入门上张贴用血红大字写的“顾某曦欠债还钱！”大字报，造成极其恶劣的影响。2019年1月28日，被反诉人与一名有犯罪前科的人，在反诉人一所住小区地下车库，以其家人安全相威胁，逼迫反诉人一签署所谓的《借款合同》，并当场抢走其奔驰商务车，该车后续出现多次违章记录。2019年3月1日，被反诉人带人强行闯入反诉人一家里，不仅辱骂反诉人一，还辱骂反诉人一年迈的父母，逼迫反诉人一签署所谓的《还款计划》，并逼迫反诉人一的父亲反诉人二签署《担保书》。2019年5月3日，被反诉人在反诉人一的家里，对其全家人叫嚣：“你们家俩孩子，我×你妈，我不要钱了，×你妈的，我活够了，告诉你。”其言外之意是，只要不满足他的要求，他可能随时会伤害反诉人一的两个孩子。这给二反诉人的家庭带来极大的恐慌，老人和孩子都不敢单独在家，听到敲门声就浑身哆嗦。

被反诉人在已经收到借款本息的情况下，仍纠集有犯罪前科的社会闲散人员，通过在单位大门上张贴血红大字报、威胁老人和孩子的生命安全、强行闯入家里吵闹辱骂等违法手段，胁迫反诉人一及其父母签署《借款合同》《还款计划》《担保书》，强立债权，虚增债务，肆意制造违约，然后起诉到人民法院，试图利用民事判决堂而皇之地侵占被害人（二反诉人）的巨额财产，试图将非法行为合法化。被反诉人的上述行为，显然已经不是正常的索债，而是带有明显的“套路贷”性质，完全符合最高人民法院关于“套路贷”的定性，应依法受到严惩。

可见，所谓的《借款合同》《还款计划》《担保书》等文件，是在被反诉人的胁迫和恐吓下产生的，并不是二反诉人的真实意思表示，因此，依照有关法律规定应予以撤销。

故，现特此反诉，请人民法院依法判允前列反诉请求。

此致

北京市 ×× 区人民法院

具状人：

2019 年 ×× 月 ×× 日

（二）证据目录

证 据 目 录

反诉人：顾某曦、顾某舜

被反诉人：李某　2019 年 ×× 月 ×× 日

序号	证据名称	时间	证明内容
1	《借款合同》（来自被反诉人）	2019年1月28日签署	（1）证明反诉人一受胁迫签署该合同。合同第1条明显不符合事实且显失公平，是被反诉人肆意编造出来强加给反诉人一的。（2）合同第3条证明，双方约定的利息是10万元。（3）合同第4条证明，被反诉人特意设计陷阱，以便制造违约假象，索要巨额违约金。 胁迫反诉人一签署《借款合同》是被反诉人实施“套路贷”计划的第一步。
2	《主债权及不动产抵押合同》（来自被反诉人）	2019年2月4日签署	签署《借款合同》之后，被反诉人紧接着逼迫反诉人一签署房屋抵押合同。 这是被反诉人实施“套路贷”计划的第二步。
3	《还款计划》（来自被反诉人）	2019年3月1日签署	为了索要巨额滞纳金，被反诉人胁迫反诉人一签署《还款计划》。 这是被反诉人实施“套路贷”计划的第三步。
4	《担保书》（来自被反诉人）	2019年3月1日签署	为了增加威胁恐吓的力度，被反诉人胁迫反诉人一的父亲反诉人二签署《担保书》。 这是被反诉人实施“套路贷”计划的第四步。

续表

序号	证据名称	时间	证明内容
5	《起诉状》（来自被反诉人）	2019年6月5日	被反诉人从2019年1月28日开始，胁迫二反诉人签署《借款合同》《主债权及不动产抵押合同》《还款计划》《担保书》等法律文书，目的是通过诉讼将非法收益合法化，获取巨额收益。这是被反诉人实施“套路贷”计划的第五步。
6	两份录音及书面整理稿	2019年4月30日、2019年5月3日	（1）被反诉人承认已经收到121万元还款，但认为该121万元是利息，本金一分都没有，证明被反诉人具有“非法占有”的目的。（2）被反诉人带人闯入反诉人一家里辱骂反诉人一及其家人（妻子、父母及孩子），反诉人一报警。（3）被反诉人提到反诉人一的两个孩子，并用非常凶狠的语气说“自己活够了”，暗示可能随时会伤害他们，以此威胁、恐吓反诉人一及其家人。
7	三张照片	2019年4月13日	被反诉人伙同其舅舅和一个不明身份的人闯入反诉人一家里，以反诉人一的两个孩子（当时两个孩子的家教也在）威胁、胁迫反诉人一及其父亲反诉人二签署《还款计划》《担保书》。

续表

序号	证据名称	时间	证明内容
8	两张照片	2018年10月18日、2018年12月12日	被反诉人在反诉人一的公司大楼出入门上，张贴用血红大字写的“顾某曦欠债还钱！”大字报，造成极其恶劣的影响。
9	还款记录表及相关凭证	2013~2019年	从借款之日起反诉人一就不间断地积极还款，2015年1月24日还清第一笔借款50万元，2016年8月11日还清第二笔借款25万元，2018年3月12日，还清第三笔借款23.5万元。截至2019年3月22日，共给付利息22.8万元。

（三）代理意见

代理意见

总的代理意见是:《借款合同》《还款计划》《担保书》是被反诉人胁迫二反诉人签订的，而且内容显失公平，依法应予以撤销。被反诉人为了所谓的索债而进行的一系列行为，完全符合“套路贷”的特征，属于敲诈勒索行为，且构成虚假诉讼，请人民法院依法处理。

2019年《借款合同》内容本身就证明，反诉人一是受胁迫而签订的，不是反诉人一的真实意思表示。它是被反诉人以非法占有为目的，有计划地进行敲诈勒索的第一个步骤。

反诉人一于2013年6月21日、2013年8月28日、2014年1月8日，从被反诉人处借款50万元、25万元、23.5万元。反诉人一起初只借款50万元，但被反诉人主动找反诉人一说，自己还有一些钱，你可以拿去用，朋友之间利息无所谓。借款后，反诉人一不间断地积极还款，不仅还清了本金，还支付被反诉人22.8万元的利息。

然而此时，被反诉人露出了真面目。原来，他声称两人是朋友，主动把钱借给反诉人一，其实是为了以“借贷”之名狠狠地敲诈反诉人一，这是被反诉人精心设计的“套路贷”计划。

1. 威胁、逼迫反诉人一签署2019年《借款合同》，虚增债务

该“套路贷”计划的第一步就是，逼迫反诉人一签订所谓的《借款合同》，通过合法的形式肆意编造不存在的债务，并在合同中设置陷阱，制造违约，以牟取巨额非法收益。具体分析如下：

首先，《借款合同》第1条：“……乙方（反诉人一）已偿还人民币30万元，故截至2019年1月28日，乙方仍欠甲方本金70万元。”这一表述完全不符合事实。截至签署《借款合同》的2019年1月28日，反诉人一已经向被反诉人支付本息共计110

万元（后来又给付 11.3 万元）。被反诉人将 110 万元写成 30 万元，然后以各种方式威胁、逼迫反诉人一签字。如此一来，反诉人一的借款额立刻虚增了 80 万元。也就是说，这 80 万元巨款是被反诉人肆意编造出来的债务。

《借款合同》第 4 条关于车辆抵押的规定是被反诉人精心设置的违约陷阱。该条款约定："……如乙方不配合（办理抵押手续），应向甲方支付债权总额 20% 的违约金。"这也是被反诉人的诉讼请求中出现16万元违约金的来源。事实上，自从签订2019年《借款合同》之后，被反诉人多次闯入反诉人一的家里滋事（有时纠集两三个人来滋事），但从来没有要求反诉人一去办理抵押手续，因为被反诉人的目的根本不是抵押，而是制造违约假象，然后通过诉讼索要巨额违约金。

很明显，反诉人一签署这样的借款合同必将严重损害自身的利益，作为思维正常的理性人，反诉人一是不可能自愿签署这样的合同的。那么，它是怎样产生的呢？2019 年 1 月 28 日，被反诉人在没有与反诉人一进行沟通的情况下，带着一名有犯罪前科的人来到反诉人一的住宅小区，在地下车库以反诉人一的家人特别是两个孩子的生命安全威胁、逼迫反诉人一签字画押，并当场开走反诉人一的奔驰商务车。这是明显的敲诈勒索甚至是抢劫行为，且这仅仅是开始。

2. 胁迫反诉人一签署《还款计划》，试图索取非法的巨额滞纳金

2019年3月1日，被反诉人伙同他的舅舅（是不是真舅舅不得而知）和一个不明身份的人闯入反诉人一家中，在老人和两个孩子面前辱骂、叫嚣，极尽威胁恐吓之能事，逼迫反诉人一签署所谓的《还款计划》。该《还款计划》也与2019年《借款合同》一样，完全是被反诉人肆意编造的，其内容根本不符合事实。自2019年1月8日被迫签署《借款合同》之后，反诉人一不堪折磨，又陆续给被反诉人转款11.3万元，但该事实在《还款计划》中丝毫没有体现。因为被反诉人设置《还款计划》的目的不是督促反诉人一还款，而是约定巨额滞纳金（对应其诉讼请求中的30万元），以便通过诉讼合法地索取。这是被反诉人“套路贷”计划的又一步骤。

3. 为了增加威胁恐吓的力度，胁迫反诉人一的父亲反诉人二签署《担保书》，试图逼迫反诉人一拿出不该给付的巨额财产

2019年3月1日，被反诉人伙同他的舅舅和一个不明身份的人闯入反诉人一家时，不仅胁迫反诉人一签署了所谓的《还款计划》，而且还胁迫反诉人一的父亲（反诉人二）签署《担保书》，这是赤裸裸的“黑恶”行为。此前，在被反诉人的胁迫下，反诉人一在合同中先后抵押了两辆车（价值七八十万元），以及位于

通州的一套面积146平方米的房屋（价值六七百万元）。即使按2019年《借款合同》计算，反诉人一的债务也只有80万元，上述车辆和房屋的抵押足以担保这些债权的实现，根本没必要再让反诉人一的父母抵押房产。被反诉人这么做，就是为了逼迫反诉人一给付不应该给付的巨额财产。这一事实充分证明被反诉人具有非法占有他人财物的主观恶意，根据最高人民法院、最高人民检察院、公安部、司法部《关于办理"套路贷"刑事案件若干问题的意见》，这属于典型的"套路贷"，而不是简单的民间借贷。

4.有组织地"恶意讨债"、寻衅滋事，性质极为恶劣

2018年10月18日、12月12日，被反诉人在反诉人一的公司大楼出入门上张贴用血红大字写的"顾某曦欠债还钱！"大字报，造成极其恶劣的影响。2019年1月28日，被反诉人带着一名有犯罪前科的帮手，在反诉人一所住小区地下车库，以其家人安全相威胁，逼迫反诉人一签署所谓的《借款合同》，并当场抢走奔驰商务车，该车后续出现多次违章记录。2019年3月1日，被反诉人带人强行闯入反诉人一家中，不仅辱骂反诉人，还辱骂反诉人一年迈的父母，逼迫反诉人一签署所谓的《还款计划》，并逼迫反诉人一的父亲（反诉人二）签署《担保书》。2019年5月3日，被反诉人在反诉人一的家里，对其全家人叫嚣："你们家俩孩子，我×你妈，我不要钱了，×你妈的，我

活够了，告诉你。”其言外之意是，只要不满足他的要求，他可能随时会伤害反诉人一的两个孩子。这给二反诉人的家庭带来极大的恐慌，老人和孩子都不敢单独在家，听到敲门声就浑身哆嗦。

5. 被反诉人索要的利息达到年利息55%，是典型的高利贷

按照被反诉人在本诉中的诉讼请求来计算，反诉人一应该支付的本息至少是242.3万元。其中，利息、违约金、滞纳金等本金之外的金额高达143.8万元，而这143.8万元巨款完全是2019年1月28日之后，通过被反诉人的一系列行动产生的。2019年1月28日，胁迫反诉人一签订《借款合同》，产生了所谓80万元本息及16万元（80万元的20%）违约金。2019年3月1日，又逼迫反诉人一签署《还款计划》，于是产生了30万元所谓的滞纳金。可见，这143.8万元的巨额债务，完全是被反诉人通过胁迫行为一步步制造出来的。

那么，本案中正常的利息应该是多少呢？双方的约定是10万元，这是被反诉人自己提交的材料（2019年的《借款合同》）中反映出来的，说明是被反诉人的真实意思表示。如果被反诉人认为约定的利息不是10万元，则按照目前的证据属于利息约定不明。2015年《最高人民法院关于审理民间借贷案件适用法律若干问题的规定》第25条规定：“自然人之间借贷对利息约定不明，

出借人主张支付利息的，不予支持。”[①] 也就是说，没有约定利息时，出借人无权主张利息，但已经支付的22.8万元利息无须退还。这22.8万元利息，高于按年利率6%给付的资金占用费。考虑被反诉人的行为具有“套路贷”特征，带有明显的违法性，因此，反诉人一给付高于资金占用费的利息，已经尽了借款人应尽的义务。

虽然被反诉人一直强调自己不要利息。2019年5月3日，被反诉人还对反诉人一的妻子说:“我一直跟他说，利息我不要了，赶紧把本金给我，我要的是本金不是利息。”可事实证明，他的“本金”是永远还不完的，因为当你快还完的时候，他会通过威胁、恐吓让你签订新的借款合同，重新计算本金。你只要借了一次他的钱，就永远逃不脱他的魔掌。这就是典型的“套路贷”。

现在退一万步讲，即使按照月息二分利计算，98.5万元借款产生的利息也只有85万元左右，因为反诉人一大额的还款都发生在前三年。月息二分利（年利率24%）已经是当时民间借贷的最高利息，但被反诉人索要的利息竟然是它的二倍多，约达到月息五分利。这显然是高利贷，是法律不允许的。被反诉人非常清楚这一点，所以设计了一套方案，通过组织社会闲散人员，骚扰、威胁、逼迫被害人（二反诉人）签署2019年《借款合同》《还款

① 现为《最高人民法院关于审理民间借贷案件适用法律若干问题的规定》(2020第二次修正)第24条。

计划》《担保书》等法律文书，强立债权、肆意虚增债务、制造违约，规定巨额违约金、滞纳金，然后起诉，试图通过诉讼将非法收益合法化。

最高人民法院在《〈关于办理“套路贷”刑事案件若干问题的意见〉的理解与适用》一文中明确了“套路贷”的概念：一是行为目的的非法性。即行为人是以非法占有被害人财物为目的实施“套路贷”。二是债权债务虚假性。行为人假借民间借贷之名，通过使用“套路”，诱使或迫使被害人签订“借贷”或变相“借贷”“抵押”“担保”等相关协议，进而通过虚增借贷金额、恶意制造违约、肆意认定违约等方式形成虚假债权债务。三是“讨债”手段多样性。即在被害人未按照要求交付财物时，“套路贷”违法分子会借助诉讼、仲裁或者采用暴力、威胁以及其他手段强行“讨债”，以此实现对被害人财物的非法占有。

回顾前面所讲述的事实不难看出，被反诉人的一系列“讨债”行为，与最高人民法院对“套路贷”的定义完全吻合。

6. 单纯从内容上看，2019 年《借款合同》也是显失公平的，依法应该撤销

上面已经分析过，反诉人一不仅偿还了借款本金 98.5 万元，还支付了 22.8 万元利息，但是，2019 年《借款合同》中只写了还款 30 万元，这明显违背事实，是非常不公平的。因此，依照《民

法总则》[1]《合同法》的规定应予以撤销，还事实本来面目。

7. 被反诉人依据 2019 年的《借款合同》起诉二反诉人，涉嫌虚假诉讼

虽然反诉人一与被反诉人曾存在借贷关系，但是，2019 年《借款合同》中的债务（80 万元）是被反诉人编造出来的，目的是通过诉讼将其合法化。诉讼请求中的巨额违约金和滞纳金也是从编造的 2019 年《借款合同》中衍生出来的。这种虚假诉讼非常隐蔽，因为反诉人一和被反诉人之间确实存在过借贷关系，看起来债权债务没有了结，实则不然。这里问题的关键在于，该《借款合同》不是正常产生的。

综上，被反诉人的行为不是简单的“讨债”，而是经过精心策划的有组织、有计划的“套路贷”违法行为，目的是以“借贷”为名非法占有二反诉人的巨额财产，获取远高于约定利息（甚至远高于法律规定的民间借贷最高利息）的非法利益。而胁迫二反诉人一签署 2019 年《借款合同》《还款计划》《担保书》，是被反诉人实施“套路贷”计划的必要环节。

因此，恳请人民法院查明事实，依法撤销该《借款合同》《还款计划》《担保书》，并严惩被反诉人的违法行为。

---

① 现已失效。

以上就是我为朋友代理的一起民间借贷案件写的《案件研究报告》。这份《案件研究报告》，结构比较完整，囊括案情简要、原告（对方）的证据和诉讼策略、我方的证据和当事人的诉求、我方的诉讼策略和诉讼方案、本诉代理意见、反诉状、反诉案证据目录、反诉案代理意见等代理案件所需内容，而且对每一项内容都做了较为深入的分析。

需要说明的是，前文中的本诉代理意见与反诉状皆是在第一次开庭时提交的，所以关于还款数额和结构我尊重了被告一的意见，即累计偿还 121.3 万元，其中本金 98.5 万元，利息 22.8 万元，与后文结合庭审新情况撰写的补充代理意见中的计算结果略有差异。

这就是把一个案件当作一个项目进行系统研究的方法。只有通过这样的系统研究，才能把一个案件真正吃透，而只要真正吃透一个案件，就能基本搞定类似的案件，这是苦练内功的过程。如果你足够勤奋，下功夫研究十个二十个不同类型的案例，写出十份二十份这样的《案件研究报告》，那么，你就如同身经百战的老律师，在谈案的时候，可以迅速地发现当事人的真正需求，准确地指出案件的要害，及时提出有效的解决方案。到那时，即便你报出较高的律师费，当事人也可能会心甘情愿地答应。总之，你谈案的成功率会大幅提升。

我们曾经讲过，谈案是律师和当事人之间微妙的心理博弈，因此，若想成为谈案高手，不仅需要掌握案件分析方法，还需要掌握必要的谈案方法。

从下一节开始，我将介绍五种谈案方法，即谈案五步法、市场营销法、比较分析法、合作双赢法、谈成企业法律顾问的方法。这些方法是根据我二十多年的执业经验提炼出来的，实践证明比较行之有效。

第二节　谈案五步法

我在《律师基本功》一书中首次提出“谈案五步法”。有些读者反映这个方法很有道理，但在实践中真正做到位并不容易。我从与他们的交流中感觉到，做不到位可能有两个原因：一是案件分析能力可能不足，无法让当事人心悦诚服；二是缺乏自信，不敢大胆地走出第一步，而第一步在“谈案五步法”中起到极为关键的作用。

那么，“谈案五步法”究竟是什么样的谈案方法呢？

“谈案五步法”，顾名思义由五个步骤组成。这是浑然天成的一套“步法”，步步相连，环环相扣，紧紧抓住当事人的注意力，使谈案水到渠成。

下面，我们一起走进“谈案五步法”，探讨每一步的要领。

第一步：敲打当事人的软肋，让他清醒

这一步的目标是把当事人心里的支撑打掉。很多当事人找律师咨询时，总感觉自己很有理，即使他是违约方。此时，我们要直截了当地指出对当事人最致命的地方，让当事人看清自己的问题和处境，意识到事情的严重性，不要心存侥幸。

我发现，不少当事人是挨这样“当头一棒”后才开始信任律师，开始认真地聆听律师讲话，甚至开始敬佩律师。青年律师大多不敢这样做，可能是担心把当事人吓跑。而有的律师，还喜欢刻意回避对当事人不利的地方，其中不乏老律师。

有一次，我跟王律师去谈案。王律师是执业十多年的老律师，当事人是他的一个老乡，但是他们之间并不熟悉。当事人要咨询的是一起抽逃出资纠纷，他刚被人起诉。

在当事人的办公室，我们刚落座，王律师就用权威的语气说：“张总，我看了一下你昨天发来的材料。这个案件很简单，对方的诉讼请求根本没有依据，理由根本不能成立。你放心吧。”

当事人看起来40多岁，精明干练。他微微一笑，逐即把目光转向我，显然是想听听我的意见。因为他很清楚自己的案件并非如此简单。对方起诉他利用A公司法定代表人、总经理的身份，以虚构交易等方式转移资产，而他确实有从A公司把200余万元转移到自己独资

公司的行为。

我开门见山地说："您这个案件弄不好会变成刑事案件。"

听到这句话他丝毫没有表现出惊讶，只是若有所思地望着我。片刻之后，他语气沉重地问："您是说，我可能涉嫌犯罪？"

我明白，我已经戳到了他的痛处。他的神情说明，他担心的正是这一点。于是我严肃地说："对，您可能涉嫌职务侵占，当然，我们要看具体的证据。"

他默默地点点头。自此之后，在整个谈案过程中，他主要与我交流，几乎没有再跟王律师说话。

我们要知道，当事人遇到法律问题的时候，特别是被人起诉的时候，心里都比较紧张。他们就像突然患病的人一样，到处"寻医问药"。所以，当事人对自己的案件都有一定的认识和思考。这个时候，如果律师讲得轻飘飘的，他就会觉得这个律师不靠谱。他们更尊重那种一下子点到他们要害，让他们恐惧的律师。因此，我们要敢于敲打当事人的软肋，让他们一开始就处于十分担忧的心理状态中。

第二步：指出对他有利的地方，给他希望

当然，当事人看不到希望时，他也不可能聘请你做他的律师，而当事人的希望产生于你和他在心理上的共鸣。所以，你必须能够精准指出对当事人真正有利的那个点，让当事人从心底认同你的能力。

在刚才讲到的案例中，我打击他的痛处之后紧接着说：“张总，有一个证据可能对你比较有利，那就是公司登记材料中你担任法定代表人和总经理的时间点，这个时间点也许可以证明，你没有利用自己的身份侵占公司财产。”

这句话让他茅塞顿开。他兴奋地说：“是啊。对方说我转移资产，其实，那不是转移，那是 A 公司和我独资公司之间的正常交易往来。这种交易往来，在我担任 A 公司的法定代表人和总经理之前就已经开始了。现在 A 公司的总经理很清楚这一点。”

在谈案中，上述第一步和第二步非常重要，一定要一气呵成。而走好这两步的关键就在于抓住要害并实话实说。能够抓住要害，说明你具有解决问题的能力；敢于实话实说，说明你有直面问题的自信。这两点都会大大提升你的可信度。特别是，坦率地指出当事人最担心的问题，往往更容易获得当事人的信任。

第三步：专业地分析案件，让他佩服

在这一步一定要显示出你的专业能力，也就是前面我们修炼的案件分析能力。你不能让当事人心悦诚服，他就不可能花钱聘请你。这是律师职业的特点。

再回到刚才的案件。当我向当事人指出，有个证据对他极为有利

之后，便开始对案件进行专业的分析。

我说："这个案件的关键点有两个。第一，你转出资金的行为属于什么性质？是企业间的正常业务往来，还是以某种理由挪用或者侵占公司资金。第二，你这三年转出资金的情况，公司的主要股东和高管们是否知道。我们要用大量的证据证明这两点，现在的证据明显不足。"

张总听得十分认真。他有些紧张地问："这是好几年前的事，我们到哪儿找证据呢？"

我向他投去宽慰的微笑，并用已经接受委托的语气说："具体怎么办，我们会拿出系统的方案，到时候还需要您全力配合啊。"

"我明白，这事儿就拜托你们了。"张总说。

我们进行专业分析的时候，一定要把握火候，恰到好处。既不能太粗略，也不能太详细。太粗略了当事人可能听不懂，听不懂就会觉得你在忽悠他或者你不专业；但是太详细了，当事人就明白了究竟是怎么回事，可能就想自己去干，不想花钱请律师。

其实，从谈案的角度来讲，案件分析就是律师给当事人的"投名状"。所以，如果案件分析让当事人觉得索然无味或没有道理，他就会毫不犹豫地扬长而去。案件分析一定要让当事人感觉恍然大悟：啊，原来如此！

第四步：提出解决方案，给他信心

解决方案是律师智慧、知识和能力的结晶，只有当事人表现出签约意向的时候才能提出来。而且，这个方案必须让当事人感到切实可行但又比较复杂，仅靠自己的能力可能无法实施。

在刚才的案件中，当张总说“这事儿就拜托你们了”时，就到了让他看到我们初步解决方案的时机。不过提出方案前，我需要再了解一些重要的情况。

于是，我问张总：“你在 A 公司担任法定代表人和总经理的时候，财务管理是怎么做的？”

“公司规模不大，财务管理不太规范，但是，公司进出的每一笔款项，出纳都有记录，而且出纳每天都以‘日记账’的形式把记录发给我们两个股东和几个副总经理。”

“那么，这些‘日记账’现在还保留着吗？”

“发到我邮箱的都保留着，但是公司的邮箱我已经进不去了。”

“你离开公司的时候，有没有进行财务审计？”

“没有。不过我走之前，差不多提前一个月吧，把会计做的账通过公司邮箱都发给了老高（另一个股东，现在的 A 公司法定代表人、总经理，他发起的本次诉讼）和几个副总经理。这两年多来，他们从来没有提出任何异议。”

“那你转移的这些资金都包含在账目里，是吗？”

“是啊。另外，我还保留着转移这些资金的时候跟客户签订的合同。这些资金其实是A公司代收的，因为当时我的公司和A公司在一个大的办公室办公，我公司没有自动收款机，和A公司共用一个收款机。”

“既然你们两个公司一起办公，那A公司有没有使用过你公司的资金啊？”我问。

张总笑道：“怎么没有！房屋租金、停车场租金、电费……不少都是我公司支付的。另外，老高还欠我20多万元呢，说是借，可到现在还没还。”

老高欠他20多万元他还不向老高讨要，难道他真的从A公司转走了一些钱？我用怀疑的眼神凝视着他问道：“他欠你钱，你有证据吗？”

他避开我的眼神，轻声说：“没有欠条，只有银行的转款单。”

我点点头。对谈案来说，这些情况已经足够，可以让我对案件形成基本的判断。

我说：“张总，我看对方提交的证据虽然不多，但能够证明一个关键的事实，那就是你确实从A公司把一定数量的资金转移到了你独资的公司。原告已经履行了初步的举证义务。所以，我们的策略只能是自证清白，证明这些资金的转移是A公司正常的业务行为。这不仅需要大量的证据，更需要用这些证据构筑我们的堡垒，建立我们完整的逻辑。具体的方案呢，我需要和王律师好好研究之后再定。这段时间，您可能需要拿出一些时间，配合我们准备相关的证据。”

张总长叹一口气，感慨地说：“真是人心隔肚皮啊。这个老高，以前我帮了他不少忙，现在没钱了就起诉我。好，那就干吧，我也不能让他随便欺负啊。吴律、王律，这件事就拜托你们了，需要我干什么你们就说。你们看需要多少费用？”

第五步：合作谈律师费，可进可退

这是最关键的一步，很多律师咨询做得很不错，但一谈律师费就失败，前功尽弃。

我觉得谈律师费这个关键的权利应该交给王律师，他在旁边干坐着已经有些坐立不安了。所以我对张总说：“费用问题您跟王律师商量吧。不过，我觉得您可能需要破费一些。您这个案件标的额虽然不大，但是比较复杂，需要深入研究，而且您要知道，给您办案的是我们两个老律师啊。”说完，我笑着看向王律师。

王律师心领神会，他用开玩笑的语气说：“吴大律师是有最低‘出场费’的。”

张总明白，王律师这是在定调，暗示律师费不会太低。他也笑道：“由你们两位给我办，我放心。不过，你们也知道，现在经济形势不太好，公司经营遇到不少困难，你们尽可能关照一下。我还想请你们给我的企业做常年法律顾问呢。”

张总真不愧是精明的商人。一边讲困难，一边抛出诱饵——企业常年法律顾问。这是在委婉地讨价还价。

王律师比较实在，他说，看在老乡的份上，可以按照北京市律师收费标准的 60% 收取律师费。他说出一个数字，张总欣然同意。

“不过，张总，”我在旁边插了一句，“如果这个案件我们办得好，希望您能聘请我们做企业的法律顾问。”

“没问题，我求之不得。”张总爽快答应。

谈律师费的方法有很多，其中一个方法就是两个律师进行合作。刚才我对张总说，费用问题你跟王律师谈，主要基于两方面的考虑：一是为了给王律师面子，让他感觉到这次谈案由他做主，毕竟这个案源来自他。二是这么做可进可退，能够掌握主动。如果张总不同意王律师的价格方案，我可以加入他们之间的谈判，提出我的方案。

关于商谈律师费的方法，我们将在本书第五章进行详细讨论。

以上就是“谈案五步法”。我们简单回顾一下：

第一步：敲打他的软肋，让他清醒。

第二步：指出他的优势，给他希望。

第三步：专业分析案件，让他佩服。

第四步：提出解决方案，给他信心。

第五步：合作谈律师费，可进可退。

这套“谈案五步法”是我二十年谈案的经验总结。我谈案的成功率比较高，一个重要的原因可能是，我在谈案的时候习惯性地运用“谈案五步法”。

其实，这个方法之所以管用，是因为它遵循了博弈者的心理规律，就像亚里士多德的“黄金逻辑说服术”一样。谈案本质上是律师说服当事人的过程，而说服与被说服是一种心理博弈。

我在《律师基本功》一书中，讲了一个关于“谈案五步法”的非常有趣的案例，大家有机会可以看一下，然后结合上面的案例和分析，细细品味“谈案五步法”的要领，相信会对大家提升谈案能力有一定帮助。

第三节　市场营销法

众所周知，如今律师之间的竞争十分激烈，“内卷”异常严重。所以，律师想开拓市场就必须懂得营销。

首先，律师要彻底转变观念，真正树立服务意识。“我是‘师’，是法律专家，当事人得听我的”，这种想法必须舍弃。前面我们讲过，律师与当事人之间最好的关系应该是合作关系，只有在当事人积极参与而不是被动配合的情况下，案件才能取得最好的结果。

其次，律师要熟练掌握市场营销的技巧。几十年来，市场营销经历了理智营销、情感营销、精神营销（或叫信念营销）三个发展阶段。其实，这是三种营销方式，实践中往往同时采用。律师的营销过程也不外如此，而谈案是律师营销的重要一环。

从营销的角度，律师谈案可以分为三个步骤：

第一步：理智营销

要迅速判断案件的要害，抓住当事人的真正需求，提出有效的解决方案。你要在这一步充分展示自己的专业能力，让当事人在理性上认可你。

第二步：情感营销

要站在当事人的角度，考虑此事可能给他带来的痛苦和损失，表现出必要的同理心和人情味，与当事人在情感上产生共鸣，让当事人从心里接受你。积极倾听、同理心和人情味是情感营销的三大法宝。

第三步：精神营销

要让当事人明白，他的事情只有通过法律手段才能解决，只有走“法律”这条路才能实现利益最大化，让他从精神上产生对法律的依赖和信仰。

在谈案中，当事人不选择你的因素主要有两个：一是他要选择其他律师。二是他要用其他途径解决或者选择等待，如自行和解或通过居民委员会等机构调解。因此，你的任务就是千方百计地说服当事人，让他选择你和你推荐的法律方案。

在前面的三个步骤中，第一步和第二步的目的是让当事人明白，你不仅能解决他的问题，而且能比其他律师解决得更好，所以他的最佳选择是你而不是其他律师；第三步的目的则是让当事人选择你推荐的法律方案而不是其他方案。

下面，我举个例子说明如何使用这一方法。我在《律师基本功》一书中，详细分析了于某商品房买卖合同纠纷案，这是开发商承诺附赠地下室并以此为由多收房款但没有兑现而引发的纠纷案件。

于某是通过朋友介绍找到我的，他在南方工作和生活，没时间来北京，所以我们没有见过面。从谈案、签约到结案，一直通过微信沟通，但沟通得十分顺畅。

签约之前，我们用微信视频谈过两次。他可能通过介绍人大体了解了我的基本情况，知道我对房地产行业比较熟悉，所以他一开始就对我的专业能力表现出相当的信任，把我当作专家看待，说话非常尊敬。但即便如此，我在谈案中还是不自觉地使用了市场营销法，理智营销、情感营销、精神营销三个方式无一缺漏。

第一次视频，主要是听他陈述事情的来龙去脉，即购买该商品房的过程、纠纷产生的原因，以及发现问题后他们小区业主进行维权的情况。

在他陈述时我提出了几个问题：开发商在售楼时，对附赠地下室是用什么方式作出的承诺？有没有把这个承诺写进合同里？开发商承诺的地下室有没有建成？小区业主向工商局和住建委投诉有什么结果？有没有业主已经起诉或申请仲裁？开发商现在是什么态度，有没有统一解决这个问题的意向，等等。

通过第一次的沟通，我对案情有了大概的了解，但这仅是当事人的一面之词，我需要看书面的证据。所以，我让他把这次购房有关的所有材料发过来。第二天，他用微信传来《商品房预售合同》、购房发票、公证书（业主们把开发商在微信公众号上对附赠地下室作出的承诺以及有关宣传内容进行了公证）等材料。

我研究了一下午，晚上跟他进行了第二次沟通。这次主要由我来讲。下面就是我和他谈话的内容：

“于总，您发来的材料我仔细研究过了，我认为开发商的行为性质比较恶劣，这不是简单的违约，这可能构成有计划的民事欺诈。”我直接点出问题的要害，“以前，我也处理过类似的案件，比如承诺赠送花园但交房的时候没有花园。”

“您说有计划的民事欺诈是什么意思？”于总立刻竖起了耳朵。

“从公证书里我们能够清楚地看到，开发商在售楼的时候，对赠送地下室做了大量的宣传，宣传中承诺的内容具体、明确，所以构成法律上的要约，一旦买房人同意就变成合同内容。而工商局的处罚决定书证明开发商在这方面确实做了虚假宣传。”

我看于总频频点头，于是停顿了一下。

“您讲得太好了，让我茅塞顿开。”于总说。

“但最关键的是问题是，”我接着说，“工商局处罚决定书认定了一个非常重要的事实，那就是工商局向规划局咨询的结果，发现该小区的规划里根本没有地下室。所以我说，开发商是有计划的民事欺诈，目的是抬高房价。当然，他们是全国知名的房地产企业，因此可能抱着侥幸心理，试图先斩后奏，先把地下室建起来再去办理审批手续……”

“吴律师，您说得太对了。”于总大声地打断了我的话，“地下室确实建成了，您哪天去看看，建得非常好，有的业主还装修了，装修之后相当漂亮。所以，小区的其他业主可能有点眼红，投诉到住建委，住建委说这是违章建筑，不能交付，装修也要拆除。这些业主就不干了，开始上访。”

“上访有什么结果吗？”

“工商局下了一个处罚决定书，这个您也看到了。住建委呢，说我们有合同，建议我们按照合同约定提起诉讼或者申请仲裁。但是，还有不少人经常去上访。”

“我看合同里约定的是仲裁。有没有人申请仲裁？”

“有。我邻居已经申请仲裁了，好像开了两次庭，可能马上就下裁决。”

“于总，如果申请仲裁，我们有两个方案。”我端起杯子喝了一口水。

“吴律师，您说，什么方案？”于总迫不及待地问。

“第一个方案是解除合同，要求开发商退还购房款，并支付违约金和赔偿损失。”

“这个方案可行吗？”于总有些疑惑地问。显然，他以前咨询过律师，探讨过这个问题。

“方案本身没有问题。我们之所以多支付几十万元购买一楼的房子，就是因为有地下室，这个地下室名义上是附赠的，实际是我们花钱购买的。现在，我们无法得到约定的地下室，所以，我们的合同目的就不能实现，我们购买这套房子的意义也就不存在了。而出现这种结果的原因是，开发商隐瞒了规划里没有地下室的重要事实，这是恶意违约，是民事欺诈。因此，我们提出解除合同，得到支持的可能性还是比较大的。”

我看于总听得津津有味，突然话锋一转说道：“不过，这个方案有个致命的缺陷。”

于总瞪圆了眼睛问：“什么缺陷？”

“我看《商品房预售合同》补充协议第14条中约定了这样一个条款，由于规划变更和出卖人的原因无法交付地下室，买受人不能因此拒收房屋。也就是说，买受人必须继续履行合同。”

“还有这种条款？”于总显得很惊讶。

我笑道：“为什么我总说开发商是有计划的民事欺诈呢？他们准备合同文本的时候就已经想到可能出现的情况了。这就是合同的陷阱。”

“这帮家伙！”他愤愤然地说，“我根本就没注意这些条款，他们也没给我解释。”

“所以，解除合同这个方案要想取得好的结果客观上确实有难度，这份补充协议是个很致命的证据。而且你已经收房入住了，在这种情况下，为了维护交易秩序的稳定，仲裁委可能倾向支持继续履行合同而不是解除合同。”

“那，第二个方案呢？”于总问。

"第二个方案就是追究开发商的违约责任。这里包含几个方面的内容：第一，返还以附赠地下室为名义多收的房款并支付利息。这部分现在的证据还不足，需要进一步收集证据，可能需要向北京市住建委申请政府信息公开；第二，按合同和补充协议的约定，要求开发商支付违约金，你们约定了9万元的违约金；第三，要求开发商赔偿你的可得利益损失。这部分可能有几十万元，具体我需要算一下。可得利益损失问题在法律上是比较复杂的，我们有一定的理由和依据，但能否支持不好说。我之所以提出赔偿可得利益损失的要求，主要是基于诉讼策略上的考虑。我要确保返还多收房款、支付利息和支付违约金这三项请求不打折扣地得到支持。当然，如果可得利益损失这部分仲裁请求不予支持，相应的仲裁费需要我们自己承担，这也是我需要特别提醒您的一点。但我认为，从策略的角度这样的支出是很有必要的。"

于总点点头说："方案您来决定，费用问题您不用考虑。"

我觉得案件本身已经谈得差不多了，问题的要害和解决的方案都讲得比较清楚，看样子也得到了他的认可，所以，我开始跟他进行情感上的沟通。

我气愤地说："我一直认为这家企业很不错，特别是管理方面，行业标杆嘛，没想到也这么不诚信，竟然故意隐瞒那么重要的事实，还大张旗鼓地进行宣传，而且问题出来后态度还这么霸道。”

“对啊，欺人太甚！他们根本没把我们放在眼里。有人撑腰嘛。这么大的事情才罚了两万元。”

“这件事绝不能忍气吞声不了了之。不过，以我的经验，靠投诉很难解决问题，现在政府部门都不太愿意介入法律纠纷，因为一旦解决不好，矛盾就集中到自己身上了。”

我开始向他灌输对法律的信仰，防止他采取其他方案。我说：“这件事只能通过法律手段解决。他们的力量确实很大，这一点毋庸置疑。但是，这件事只要进入法律程序，他们就不能为所欲为，特别是现在这种形势下。不管如何，在法庭上是要靠证据说话的，而现在的证据，我认为总体来说对我们是有利的。当然，申请仲裁前，我们还要收集和调取必要的证据。”

“吴律师，其实我早就想起诉了。不瞒您说，我咨询过两个律师，但是，他们讲得让我很没有信心，所以一直犹豫不决，我想看看大家上访的结果。不过，刚才听了您的一番话我豁然开朗，我觉得不能再等了。您说得对，我们早晚都得申请仲裁。我感觉咱们谈得挺愉快，我没有时间过去，我想全权委托您来办理这件事，您看需要多少费用？”

“您需要准备的费用包括两部分：一是仲裁费，二是律师费。

仲裁过程中，可能还会产生公证费、鉴定费等费用。仲裁费您先准备五六万元吧，具体数额根据仲裁请求确定。”接着，我把律师费的收取方案告诉了他。

“您这个律师费比我邻居的（律师费）高多了，”他爽朗地笑着说，“不过，您讲得确实比较通透，给我增加了不少信心。费用方面我没有意见，我会按合同约定的时间付款。您把合同给我寄过来，我签完字给您再寄过去。您就多费心，具体怎么做您决定就行，我完全信任您。”

就这样，经过两次视频，这个案件就谈成了。之所以谈得如此顺利，主要是因为我熟练地使用了市场营销法。

第一步：我对案件作了坦率、深入的分析，我指出的案件性质（要害）让他感觉耳目一新，因为我对案件的定性与其他律师对案件的定性完全不一样。后来的事实证明，我对案件的定性是正确的，并为他带来了更多的利益。

然后，我拿出了切实可行的方案，特别是我提出两个方案为他进行比较分析，这种方法不仅让他感觉自己受到了尊重，而且让他看到了我的专业性。

这就是“理智营销”，影响的是他的理性。

第二步：我对开发商的欺骗行为进行了有理有据的谴责，对这种根本没把消费者放在眼里的霸道行为表示了由衷的愤怒，引起了他的共鸣，激发了他的斗志。

这就是“情感营销”，影响的是他的感性。

第三步：我对上访效果和仲裁结果的可能性作了分析，让他明白只有法律才有可能惩罚开发商，只有法律途径才能解决他的问题，促使他放弃等待，决定立即采取行动，即申请仲裁。

这就是“精神营销”，影响的是他的信念。

稻盛和夫曾说：“想要赢得值得信赖的伙伴，就必须构筑心心相连的信赖关系。当然，在利益上也需要达成共识，但最根本的还是抓住人心。”

“市场营销法”之所以行之有效，就是因为通过案件分析、情感共鸣、信念灌输以及合理价格，律师抓住了当事人的心，与当事人建立了“心心相连的信赖关系。”

第四节　比较分析法

比较分析法是律师在谈案时经常使用的方法，一般用在提出解决方案的阶段。

那么，比较分析法比较的是什么，这个方法又该如何使用呢？

首先，比较两种或三种法律方案之间的优劣。

有经验的律师，在提出解决方案时，往往不只提出一种方案，而是提出两种或三种方案，让当事人进行选择。律师这么做，会使当事人感觉自己受到了尊重，当事人在作出选择的过程中可以享受到“最终决定者”的满足感。而且，当事人也会认为，这个律师比较专业、比较负责。

当然，当事人也可能会陷入迷茫，不知道应该选择哪一种方案。所以，律师必须对每个方案都进行详细的分析，让当事人明白不同方案的优劣。可即便如此，许多当事人仍然无法自行选择，毕竟他们是法律的门外汉，很难在短时间内真正理解复杂的法律方案。所以，他们不得不请教律师。这个时候，律师就可以提出自己的建议或倾向性意见。

有的律师习惯在分析两三种可行的方案后，直接建议当事人选择某一方案，并给出自己的理由。此时，当事人往往会采纳律师的建议。

不过，有一点需要注意，律师提出的解决方案不应该超过三种，否则就会造成当事人思维混乱，适得其反。

其次，比较法律方案和非法律方案的优劣。

当事人遇到的纠纷可能有好几种解决方案，法律方案只是其中的一种。当事人还可以采用其他方案即非法律方案，比如，自行和解，或请居民委员会、村民委员会、妇女联合会等机构调解，或暂时不作

买受人之间的经济纠纷，政府一般不受理此类投诉，等待其他业主的投诉结果不仅没有意义而且还可能耽误时机。当事人完全同意我的分析，表示马上行动，申请仲裁。

至此，我通过比较分析法，成功地让当事人放弃了非法律方案，选择了仲裁，选择了我。

可见，比较分析法是一种行之有效的谈案方法，它的目的非常明确：

第一，让当事人选择我们而不是其他律师；

第二，让当事人选择法律方案，而不是其他非法律方案。

不过，我们使用比较分析法必须严格遵守两条原则：

（1）法律方案必须优于非法律方案，且我们提出的法律方案能够满足当事人的真正需求。

（2）采用法律方案还是非法律方案，要让当事人自己决定，不能强行灌输我们的想法，不能勉强当事人采用我们建议的方案。

第五节　合作共赢法

谈案方法中还有一个特别有效的方法，那就是合作谈案。

前面我们多次强调，谈案是说服与被说服的过程。实践证明，两个律师合作谈案，会大幅提高说服效果，从而提高谈案成功率。

现在很多律师都是单打独斗，但这不妨碍律师之间偶尔进行合作，而且合作似乎越来越成为律师开拓市场的一种方法。

有时候，老律师和老律师合作，共同拿下比较大的订单；也有时候，老律师和年轻律师合作，搞定年轻律师拿不准的案件；还有时候，律师和市场营销人员合作，顺利锁住犹豫不决的当事人。不同的人之间合作谈案，确实能够产生“1 + 1 > 2”的效果。

我以前经常跟老律师合作，比如在前面讲过的案例中跟王律师合作谈案，也偶尔同市场营销人员进行合作。不过，跟我合作最多的还是年轻律师，主要是我的助理。我一向认为，律师助理是合作伙伴，而不是打工者。

下面，我想着重谈一下，年轻律师与老律师合作谈案有哪些益处。

我认为，与老律师合作一起谈案，在实践中观察、学习、模仿老律师的谈案方法，然后在老律师的指导下独立谈案，是年轻律师迅速提升实战能力的捷径。

具体来说，与老律师合作谈案，对年轻律师有三个好处：

第一个好处是，能够学到“真功夫”。

有的谈案方法比较巧妙，能让你终生受用，如谈成好价格的诀窍。律师费的弹性是相当大的，所以，价格谈判的能力非常重要。

年轻律师由于种种原因往往收费比较低，有时候低到让人怀疑律师职业价值的程度。

举个例子：

> 有个刚执业的律师跟一个当事人谈房屋买卖合同纠纷案件，标的额800万元。他请教我这个案件律师费应该收多少？我说，如果由我来代理，一般收20万元以上，最低也要收15万元。这个价格是参照北京市司法局制定的律师费指导价格确定的，属于正常水平。第二天，他兴奋地告诉我，昨天那个案子刚才签约了。我问他律师费是多少？他说3万元，说当事人现在很困难实在没有钱。我大吃一惊。这不是当事人没有钱，而是你这个律师不值钱。当事人认为你的服务只值3万元。如果这起案件，他跟老律师一起去谈，15万元律师费应该不成问题。这样他得到的也不止3万元，而且可以有机会向老律师学习办案，一举两得。

因此，年轻律师要想发展首先要调整好心态，要有一定的格局。有些年轻律师觉得案源是自己好不容易找来的，老律师是“乘人之危”，以指导为名拿走大部分收益，所以就像老母鸡护崽一样，生怕案件或者客户被人抢走。用这样的思维方式做律师，是很难发展起来的。

我们要善于通过合作把蛋糕做大。合作意识非常重要，这是个合作共赢的时代。年轻律师应该时刻提醒自己，在目前这个阶段，主要任务是想方设法地迅速提升能力，而跟老律师合作是提升谈案能力的最有效捷径。

第二个好处是，可以防范执业风险。

律师的执业风险首先来自当事人，这一点我们一定要谨记在心。我们的执业风险是从谈案开始的，如由于言语不慎带来的风险。很多当事人对律师在谈案过程中所讲的内容格外重视，特别是关于案件走向或可能结果的分析。有些当事人甚至会偷偷录音，以后一旦案件结果不好就会拿出录音跟你交涉甚至投诉你。这方面老律师大多有丰富的经验教训，所以，跟老律师一起谈案，能够学到如何说话才能规避风险。而且老律师知道哪些案件能做哪些案件不能做，在谈案时把好这一关是相当重要的。

第三个好处是，增加当事人的信任感，提高签约率。

律师想拿下订单就必须给当事人信任感。但是，当事人购买的律师服务是无形的，没有明确的标准，所以只能依靠自己的感觉来判断。如果经过一两个小时的交流，当事人感觉这个律师为人诚实，有正义感，充满自信，而且有丰富的办案经验，他的心里就容易产生信任感。也就是说，当事人的信任感产生于对律师整体的感觉和评价。

年轻律师在人品方面可以表现得比较优秀，但由于缺乏办案经验和处理类似案件的经历，往往很难让当事人产生足够的信任感，除非你的案件分析能力已经达到相当高的水平，而且善于把握当事人的心理。要知道，对于当事人来说诉讼案件是利益攸关的大事，一辈子遇不上两回，所以，他们在选择律师的时候大多十分谨慎。

我跟一些当事人聊过这方面的事情，其中有个当事人讲得特别生动。他说："我知道，找个年轻的律师，费用方面能省不少，但我还是不敢把事儿交给他们。我怕被他们搞砸了。虽然我不懂法律，可我觉得打官司跟看病差不多，一旦找错了大夫，就可能错过最佳的治疗期，本来能治好的病也给弄成绝症了，耽误大事儿。到时候后悔也来不及了，人死不能复生啊。"

可见，有的当事人最担心的是，由于律师"误诊"和"用药不当"导致不该败的案件败诉，而一旦败诉就会失去补救的机会。

我曾见过几次不该败的案件败诉的情形。其中，有一个跟我对庭的年轻律师让我印象深刻。

她是原告的律师，工作做得比较细致，在法庭上反应也相当快，素质看起来很不错。但是，她显然没有受过诉讼技巧方面的训练，提出的诉讼请求、准备的相关证据都存在不少问题。她也没有明确的诉讼策略，所以，我稍微攻击一下，她搭起来的诉讼架构就像积木做的房子般瞬间倒塌了，简直是不堪一击。

其实，在这个案件中，虽然她的诉讼请求全部得到法院支持的可能性很小，但是得到部分支持的可能性还是非常大的，这是应该能够部分胜诉的案件，而只要得到部分赔偿她的当事人就应该能满意。结果，她完全败诉了。作为原告，通常情况下一审败诉就没有翻身的机会了。

为了防止“误诊”和“用药不当”导致的致命后果，当事人一般都会选择经验丰富的律师，宁愿因此多支付律师费。老律师就是一张活生生的名片，他的经验就是质量的保障。所以，对于年轻律师来说，让当事人产生信任感的最简单方法就是请老律师一起谈案。办案质量涉及当事人的切身利益，如果由于律师失职造成不该败的案件败诉，当事人可能要求退费，甚至会投诉，这将严重影响律师的声誉。我们都清楚，良好的声誉是律师的生命，是律师长期发展的基石。名声不好的律师，很难在律师界立足。

另外，从与当事人谈案时就建立起良好的信任关系十分重要。如果当事人一开始就对你的水平半信半疑，即使委托了你也会用显微镜来观察你，对你提出的策略、方案以及你要求他准备的证据材料等提出种种质疑，让你的工作举步维艰。我见过好几个面临这种处境的年轻律师。

律师必须要被当事人相信，否则不可能做好工作，也很难取得好的结果。

总之，合作共赢法是一个律师摆脱自身局限性，提升谈案成功率的有效方法，也是年轻律师迅速提升谈案能力的捷径。

第六节　谈成企业常年法律顾问的方法

有了谈案的基础，就可以尝试与企业谈法律顾问项目。如果说谈成一个案件是攻克一个堡垒，那么，谈成一家企业法律顾问就等于拿下一座城池。

企业是以营利为目的的社会性组织，所以它的需求与个人的需求有很大不同。企业需要的往往不是解决某个单一的问题（如一起纠纷），而是解决某种系统性或者战略性的问题，如“建立合同管理体系”。这些系统性或战略性的问题，涉及的不仅是法律问题更是管理问题。因此，如果你想与企业谈法律顾问项目，就必须懂企业、懂管理，否则将很难与企业负责人进行有效的沟通，更无法达成有益的共识。

现在，规模比较大的企业大多比较重视法律事务管理。不少企业有自己的法律事务部，日常的业务无须另行聘请律师做法律顾问。即使需要聘请法律顾问，正常情况下也需要通过公开的招标程序。所以一般的律师或者一般的律师团队，想争取到大型企业的常年法律顾问，难度非常大。

因此，大部分律师应该着重研究中小企业法律服务市场。下面，我介绍几种与中小企业谈成常年法律顾问的方法，希望能对大家有所启发。

一、循序渐进，水到渠成

工业和信息化部等四部委曾印发《中小企业划型标准规定》，从这个文件大家可以了解什么样的企业属于中小企业。

以我的经验，我们与中小企业主谈常年法律顾问项目不能操之过急，要循序渐进，水到渠成。

举个例子：

前不久，一家企业的老板林总跟我视频，咨询有关劳动争议方面的法律问题。这家企业的主营业务是商业摄影，在业内小有名气，目前有38名员工。

2019年前后，林总觉得公司应该拓展经营范围，所以在公司内部成立了“影视部”，计划五年内打进影视圈。不过，事与愿违。这几年影视业不大景气，加上三年新冠疫情，这个“影视部”连年亏损，根本没有发展起来，而且也看不到任何希望。

于是，林总决定裁撤这个部门，可他却遇到了强大的阻力。这个部门的经理带领部门8名员工，集体与他谈判，提出如果解除劳动合同，就必须按照《劳动合同法》的规定，支付两倍工资和经济补偿金，缴纳社会保险，并支付一定数额的赔偿金，否则就要去有关部门投诉。

林总顿时陷入被动，因为他没有与员工签订劳动合同，也没有为他们缴纳社会保险。而这些员工的工龄都在三年以上。他自己简单计算了一下，至少需要120万元才能满足他们的要求。

他非常苦闷，问我应该怎么办？

我说："事已至此，我也想不出什么好的办法。没签劳动合同，那就应该补给每个人一年的工资。没缴纳社会保险，那就应该补缴。需要支付的经济补偿金，法律也有明文规定。这些方面没有什么可研究的。倒是这个赔偿金的要求，如果数额很大的话，就有以投诉相威胁进行敲诈的嫌疑。以前，好像华为的一名员工，因为索要巨额赔偿金被法院认定为敲诈勒索。"

"我咨询过人社局的一个朋友，他建议现在补签一年的劳动合同。你觉得这个方法可行吗？"

我问他："你觉得呢？如果你是员工，你会签吗？"

他摇了摇头。

我说："按照法律规定，企业和这些员工之间，已经可以视为存在无固定期限劳动合同关系。所以他们肯定会提出，如果要签就签无固定期限劳动合同，不可能跟你签一年的劳动合同。"

"是，你说得有道理，"他沮丧地说，"但我也给不起那么多钱啊，疫情这几年基本上没有业务。"

“我觉得，当务之急是把那个‘影视部’的经理搞定，擒贼擒王嘛。最好是把他调到别的部门，然后逐步拆散‘影视部’，把那些人分开，一个一个解决。”

“你这个方法跟我不谋而合啊，哈哈……”他笑道。

“不过，林总，有一个原则你必须遵守，那就是不能太过分，要尽可能做到仁至义尽。毕竟大家都在一个行业里，以后低头不见抬头见的，是不是？”

“吴律师，这个你放心，我对他们一直是很不错的。三年疫情，工资一分钱没少给。”

“林总，我不太了解你们行业。我有个想法，不知道可不可行？”

“您说。”

“他们不是不想走吗？那能不能跟他们签订一份承包协议，把这个部门承包出去，给他们创造一定的条件，让他们自谋生路。如果他们真的有能力，部门就干起来了。”

“吴律师，你这个想法倒是挺好，但是现在的形势不行，这些人我估计不能行，这需要有相当大的魄力。”

“这样啊，不过话又说回来，我觉得现在发生这样的事情不一定是坏事。”我试探性地说。

“哦？愿闻其详。”

“这件事提醒你，应该从整体上考虑公司的管理问题，也就是顶层设计问题。比如，公司在拓展业务范围时的策略。你们在公司内部成立了‘影视部’，现在这个‘影视部’在吃你们其他部门的利润。由于公司整体上是盈利的，所以你无法通过申请破产来解决困境。但如果当时，你们成立了单独的影视公司，那么，这个公司资不抵债，你就可以不发工资，申请破产。这就是设立有限责任公司的好处。”

“你说得太对了，他们就是用这样的话术来对付我的，”他大笑两声，然后突然说，“看来，我身边真需要一个律师啊。”

“我上次不是给你推荐了一个律师吗？他做事挺认真的，也很喜欢研究问题。”

他摆了摆手，说：“我见过，他来我办公室聊了一会儿。他这个人，说实话我不怎么喜欢。我觉得他太迂腐，思想好像是几个世纪前的，简直像古董一样。”

“我们律师事务所在你们那儿设了一个分所，再给你推荐一个律师？”

“算了吧，公司平时也没什么法律纠纷。我有问题就请教你吧，我还是比较喜欢听你讲。律师费嘛，”他半开玩笑地说，“我给你几箱茅台怎么样？”

“我现在不喝白酒。”我苦笑着说。

“现在企业没有钱啊。”他自言自语似的嘟哝了一句，然后说道，“吴律师，说实话，企业根本没有律师费的预算，我只能从别的地方省点儿。你看这样行不行？我先给你5万元。你先帮我处理一下这次的纠纷，然后你再给企业弄几条制度，就权当帮帮忙。”

我和他算是老相识了，他既然把话说到这个份上，我无法拒绝。不过，处理纠纷和制定制度是两个不同的法律事务，都需要投入大量的时间。我必须让他明白这一点。

我说：“林总，处理这次纠纷涉及不少员工，我必须跟他们好好谈一谈。而制度是由下而上制定出来的，我得跟你们几个部门的主管详细了解情况，有些问题还需要跟他们进行深入讨论。所以，你们那儿，我可能得去几趟，在企业待几天。这需要不少时间啊。律师的时间就像你们企业家的资金，都是很宝贵的，哈哈……”

“这个我心里有数，吴律师，你放心。”

“林总，还有件事我必须先给你说一下。我现在办理业务，很多具体工作都是助理做的，你的事情也是一样。制定策略和方案，主要的谈判和访谈，都由我来亲自做，但其他工作我只能交给他们。”

“没问题。”他爽快地说。

林总的这两件事我们处理得很快，效果也很不错。

我跟“影视部”的经理交流时发现，他有个儿子学习特别好，很想送到市某重点高中，但没有门路进不去，他为此苦恼不已。恰好，林总的一个同学是这个学校的校长。于是，林总让他如愿以偿。他也投桃报李，主动离开公司，没有提出过分的要求，公司只支付了3个月的经济补偿金。古人说，树倒猢狲散。他走了之后，其他员工没了主心骨，很快与公司达成了协议。部分员工离开了公司，剩余员工安排到其他岗位。

而林总要求的制度，我根据公司目前的情况，制定了《员工行为规范》，其中包括劳动合同管理、财务管理、人事管理等一些内容，公司上下都比较满意。

有一次，他请我喝酒时我建议：“林总，其实你的企业需要一个正式的常年法律顾问。”

他沉吟片刻，说：“这个问题我想过，但总感觉没那个必要。平时公司里也没有什么法律纠纷。”

“合同不需要律师审核吗？”

“我们的合同都是对方起草的，我是乙方，没有发言权。”

“那公司不需要规章制度吗？就像我给你做的《员工行为

规范》。”

“公司就那么几十人，平时有事儿开个会就解决了。真需要制度的时候，就请你给弄一个就行了。”他嘿嘿笑着说。

我没有笑，严肃地问：“那你认为，这次和员工的纠纷产生的原因是什么呢？”

这个问题似乎戳到了他的痛处，他的神情顿时变得有些沮丧。“刚成立就赶上三年新冠疫情，以为疫情过去就能干起来了，没想到市场这么低迷。”

我没有再说什么。这个时候他对常年法律顾问还没有基本的认知，说什么都是多余。但我感觉到，这个企业已经进入纠纷频发的阶段，因为长期的管理混乱积累了很多问题。

果不其然。发生那起劳动争议纠纷后不到3个月，林总的企业又发生一起法律纠纷。这次是工伤纠纷，一个摄影师在拍摄的时候，因为架子倒塌摔成重伤，但企业没有给他缴纳工伤保险。他心急如焚，请我马上过去一下。

我告诉他：现在太忙，实在没时间出差，我可以给你推荐一个律师。

我的态度可能让他想到了我此前的建议，于是他马上提出要跟我签订常年法律顾问合同。

这个例子说明了两个非常重要的问题：

第一，要想谈成中小企业常年法律顾问绝非易事。

我认为，主要有三个原因：

（1）企业主的思维方式。中小企业的老板大多有个根深蒂固的思维方式，那就是遇到麻烦先找关系，找人研究和协调。他们迷信人脉网络的力量，所以他们的很多时间都用在建立人脉网络上。

（2）企业主对法律和律师的认知。他们对法律和律师的作用并不重视，因为他们认为，在自己的事业发展过程中，法律和律师没有发挥什么大的作用。

除非已经发生法律纠纷如被起诉，否则他们只是咨询，请律师出主意。不到万不得已，他们不会花钱聘请常年法律顾问。只有不断地发生法律纠纷案件，他们才会逐渐醒悟过来，觉得企业应该有个常年法律顾问。

（3）企业确实比较困难。许多中小企业现在都面临生存危机。当生存都成为问题时，每年拿出几万元甚至更多的资金聘请常年法律顾问，确实不容易。加上不少中小企业一两年都没有一起法律纠纷，其他需要解决的法律问题也很少，所以，律师费往往无法纳入企业的预算里。因此，有些律师甚至不好意思向法律顾问单位提出续费要求。而有些企业，即使聘请常年法律顾问，给的费用也很低，但要求却很高，就像林总一样，希望律师“买一送一”。

总之，企业主的思维方式、企业主对法律和律师的认知以及企业的经济状况，在很大程度上决定了中小企业市场常年法律顾问的需求。对此，律师必须有深刻的认识，否则很难在这个市场里有所作为。

第二，律师必须循序渐进，才有可能谈成中小企业常年法律顾问。

应该说，常年法律顾问是中小企业主的“刚需”，特别是经济环境变幻莫测的时候他们离不开常年法律顾问。然而，由于中小企业主普遍存在上面所讲的三个问题，他们对常年法律顾问的需求往往显得不那么紧迫。

因此，律师的策略应该是循序渐进的，先解决几个纠纷案件或其他法律问题，逐渐让企业主感觉到聘请常年法律顾问的必要性。

市场营销人员经常用“登门槛效应”，让消费者在不知不觉中购买更昂贵的产品。我觉得，律师在与中小企业主谈常年法律顾问时，也完全可以使用这个方法。

我在与林总的交往中就使用了“登门槛效应”。以前，我解答他的咨询不下五次，都是口头咨询，所以没收费。这次，我给他解决了两个迫在眉睫的问题：一是他与“影视部”员工之间的劳动合同纠纷；二是给他制定了《员工行为规范》。由于我实实在在地付出了时间和精力，所以收了一点费用。他心里清楚，如果我正常收费，比这个要高出不少。

就这样，我通过为他提供法律意见、为他解决燃眉之急、为企业建立规章制度，让他逐渐对我产生了信任感，甚至有了一些依赖感。因此，当他的企业再次发生法律纠纷时，他决定不再临时抱佛脚，而是聘请我做他的常年法律顾问，以免除自己的后顾之忧。

很多企业的常年法律顾问，都是经过这样漫长的、耐心的、有效的服务，才最终谈成。这是水到渠成的过程，所以千万不能急于求成。

二、激活需求，一箭双雕

有些时候，律师可以激活企业的法律需求，因为企业主往往想不到，采用某种法律方案可以比较彻底甚至一劳永逸地解决问题。

2016 年，某民营企业老板韩总，被南京某区法院列入失信被执行人名单，他的出行受到很大的限制，特别是无法出国，严重影响了他的工作。他非常着急，希望马上见到我，于是我立刻飞了过去。

他到机场接我，一路上给我讲事情的经过。原来，他跟南京和上海的两个朋友合资建立了一家汽车配件生产企业，主要给南京汽车公司提供配件。他担任该企业的法定代表人、执行董事、总经理，负责企业的运营。本来订单很稳定，但去年南京汽车公司主管此项业务的领导调走，新任领导对企业的产品不太满意，逐渐取消了订单。因此，企业不得不停产，几百名员工失去了工作，大量设备闲置在空旷的厂房里。

通常，企业发展比较顺利的时候，股东之间不会有太大的矛盾，即使有矛盾也比较容易解决。然而，一旦企业陷入困境，矛盾就开始激化且不可调和了。

这家企业也是如此。企业停产后，他与南京本地的股东、公司的副总经理李总发生激烈的冲突。于是，他不得不离开南京，到北方某汽车配件生产企业担任总经理。他走了之后，南京该企业由李总实际控制，李总还从办公室负责人手中“抢”走了公司印章。

这家企业成立之初，三个股东用出资款购买了土地使用权，然后将其抵押从银行贷款，用于建造厂房、购置设备、雇用员工。截至韩总离开该公司，公司对外欠款达到1000余万元。银行等债权人发现企业经营陷入了停滞，纷纷向法院起诉，厂房、设备等都被法院查封。此时，韩总在法律上依然是该企业的法定代表人，因此，南京某区法院便将他列入失信被执行人名单。韩总说，这件事背后的操纵者是李总，李总想通过这种手段，让他赔偿其投资损失。

我感觉这件事比较棘手，因为李总是南京本地人，在当地人脉很广。更重要的是，韩总的行为违反了《公司法》关于企业高级管理人员竞业限制和勤勉尽责方面的规定，因为韩总既是南京该企业的法定代表人、执行董事、总经理，又是北方某企业的总经理，而这两家企业都是汽车配件生产企业，存在一定的竞争关系。

不过，我在许多材料中发现一份对韩总十分有利的证据——李总与某企业签订的厂房租赁合同。这份证据可以证明，韩总离开之后李总是南京该企业的实际控制人。

我立即和韩总的助理飞赴南京。让我喜出望外的是，南京某区法院在大厅公示了每个办案法官（包括法院领导）的手机号码。我直接拨通了执行局局长的电话。局长态度很好，派了执行庭副庭长与我面谈。我给了他一份书面的《申请书》和有关材料，申请法院将韩总从失信被执行人名单中删除。

我一边给庭长看证据一边说："这些年南京该企业完全由李总控制和管理，所以，如果法院希望南京该企业更好地履行判决书，那就应该把李总列入黑名单，而不是韩总。另外，工厂里还有不少设备，有些设备价值不菲，韩总完全同意将这些设备拍卖，用以偿还债务。但李总不同意，因为他把这些设备和厂房都租出去了。这是南京该企业不能履行法院判决的重要原因。所以，一切责任都应该由李总承担。"

庭长的态度也很不错，笑眯眯的，既不打断我的话，也不与我争论。他说，这件事自己一个人说了不算，需要向领导汇报。但等了一天后，并没有消息传来。于是，我又给执行局局长打电话，他没有接，直接挂断了。我给他发短信，请求当面汇报。他短信回复说，正在开会。

第二天，我决定直接进入法院找他。一大早就在法院大厅等他，因为执行庭就在大厅的旁边。过了大约两个小时，我听见一个熟悉的声音——电话里听到过的执行局局长的声音。我快步上前来到他的面前，说明来意，与执行局局长一同进入谈话室。

我把跟庭长讲的内容，向局长复述了一遍。这位局长面庞消瘦，目光炯炯，特别干练。他讲了一些把韩总列入黑名单的理由，但夹杂着南京的方言，我听不大懂。其实我也知道他想说什么。

接着我做了三件事：一是让韩总的助理在局长面前打开录音笔开始录音。二是向局长展示了我的律师执业证和授权委托书，并解释我是专门从北京过来解决此事的。三是给他一份《申请书》和证据材料，请他一定收下。

我想通过这三个行为，让他看到我志在必得的决心，让他支持我方合理的诉请。

不知道是哪个环节起了作用，第二天法院就“解封”了，删除了失信被执行人名单中韩总的名字。

韩总特别高兴，他没有想到，这么快就能得到“自由”。他很感慨地说：“我以前在国企当总经理的时候跟律师也打过交道，但是，从来没有像这次一样感觉到法律和律师的作用。”

“韩总，你的危险还没有彻底解除。”我提醒道，“因为你现在仍然是南京公司的法定代表人、执行董事、总经理。这就像一颗定时炸弹，随时会爆炸。所以，我建议，趁你还有法律上的职权，立即启动南京公司的破产程序。”

他如梦初醒般地说：“没错，没错。不彻底拆除这颗‘定时炸弹’，我寝食难安啊。吴律师，你看这样行不行？你做我的常年法律顾问，整体上给我谋划这件事。另外，现在这个企业的股权设计，我觉得也有点问题，你帮我研究研究。至于费用，你不用担心，我从现在这个企业支付给你。你最好给我一个书面的方案，我需要跟老板商量一下。”

就这样，我通过南京之行，同时拿下企业常年法律顾问和专项法律顾问（破产），算是一箭双雕。其中，破产业务是被我激活出来的客户需求，这是韩总根本没有想过的问题。

其实，企业里这种可激活的需求相当多。对于律师来说，企业是一座可以深入挖掘的金矿。所以，律师应该努力争取多做几家企业的常年法律顾问。

三、登门自荐，推销价值

我有个律师朋友，十年前刚执业时，开拓市场方面特别有创意，而且特别能吃苦。他是教师出身，所以将自己定位为“教育行业律师”。那时，他经常骑自行车去市内一些中小学登门自荐，向校领导推销他的服务方案，包括富有创意的收费方案。由于他做过十年老师，对教育行业相当了解，对教育问题也有自己的感悟和思考，所以与校领导谈得十分融洽。

很快，他就谈成了两所学校的常年法律顾问。虽然收费比较低，但是他对这两所学校的服务做得非常到位，学校上下对他的人品和服务都很满意。慢慢地，他成了这两所学校里校领导们的朋友。于是，这些校领导就开始给他引荐其他学校的领导。就这样，没几年他的常年法律顾问单位（学校）就有了十几家，而且被聘为当地教育局的法律顾问。他也按自己最初的定位，成为名副其实的教育行业律师。

五年前，他与几个朋友成立了一家律师事务所。现在这家律师事务所已经拥有自己购买的1000余平方米办公室，60余名律师，发展势头相当好。

我经常想他的创业故事。他一个农村的孩子，只身来到大城市，也没有什么背景，为什么在短短的十年内就能取得如此骄人的成绩？我认为有三个主要原因：

第一，正确的理念。

他认为，普通的律师，只有走市场化之路才有可能取得成功。

第二，明确的目标。

他执业之初，根据自己的特长，确定了“教育行业律师”这一目标。

第三，高效的执行力。

他没有停留在想法上，而是把想法立刻付诸行动，这是十分关键的。我见过不少律师，他们的想法非常好，但始终没有转化为行动。于是，那些美好的想法，像风一样消失在无情的岁月中不见踪影。

那么，他登门自荐为什么如此有效呢?

首先，他熟悉教育行业，所以与学校领导有共同的话题，容易产生共鸣。

其次，他推销的是系统的解决方案，而不是简单的法律服务。这个系统的解决方案代表的是律师的价值，所以，实际上他推销的是律师服务的价值。

他给我看过“学校法律服务方案”，写得非常详细。他先列出了目前学校普遍存在的问题，然后，根据这些问题提出具体的解决方法。接着，他又把这些解决方法分解为许多小的服务项目，然后阐释对每个小项目如何提供服务。

不过，给我印象最深的还是他的收费方案。他根据学校的特点，设计了几种收费方法，学校可以自行选择。其中一个方案有点像 VIP 储值服务，客户可以先存一部分钱，然后根据消费情况逐步扣除。总之，收费方案很有创意。

由于我不曾有过类似经历，亦只听他粗略谈起，无法详细描述他与学校领导谈案的细节，大家可以自行展开想象。我举这个例子是想说明，律师应该准备好系统的方案，主动走进自己确定的目标市场，让客户知道你能提供什么样的服务以及这个服务具有什么样的价值。

我建议，苦于没有案源焦虑不安的年轻律师，不妨学习一下他的这个方法。

当时，这位朋友给我讲过一句话，我觉得说得很好，到现在还记忆犹新。

“我想做的是亲手架起律师和客户的桥梁。我要推销的是与众不同的法律服务方案，这个方案体现了律师的价值，我认为这是很有意义的事情。”

四、顾全大局，重点突破

下面分享我曾经的一次谈企业常年法律顾问的经历，过程十分顺利，下面我们一起看看顺利的原因究竟是什么。

这是一家冷链物流公司，准备在全国布局，需要聘请一名常年法律顾问。在一个阳光明媚的下午，我与公司三位股东在公司的会议室做了一次深入的交流。这三位股东中，苏总是核心，董事长兼总经理，具体掌管企业，其他两位股东只参与重大决策，平时不参与管理。

苏总50多岁，老练稳重，颇有领导的派头。他用审视的目光端详着我说："吴律师，我们这个公司原来属于一家央企，去年改制了，我们仨，"他指着坐在对面啜茶的两位股东说，"买断了它，它的底子是国有企业，规章制度比较健全。不过，民营化之后有一些急需解决的问题，其中不少问题可能涉及法律，但不一定是纯粹的法律问题，比较复杂。所以，我们想聘请一位熟悉企业的律师做法律顾问。这个法律顾问打官司好不好并不重要，我们现在没有官司，重要的是他要善于解决企业的问题，特别是涉及企业长远发展的问题。我看过您的简历，觉得条件比较合适，所以想见面好好聊一聊。"

我在国有企业做过几年管理工作，比较熟悉国企领导的这种开场白。我放下茶杯，微笑着说："非常感谢苏总和两位老总在百忙之中见我。我来之前看过公司的一些材料，对公司的情况有初步的了解，我认为公司刚刚成立，当务之急应该是尽快建立公司法人治理结构，理顺投资者和管理者的关系，明确决策程序，明确股东会、董事长、总经理的权限。"

苏总目光炯炯地盯着我，显然这个话题引起了他的兴趣。

"理顺投资者和管理者的关系？这有什么可理顺的？"身穿花布衬衣颇有艺术家气质的股东慢条斯理地问道。

"你们三位是股东，也就是投资者。但是，你们三位并不一定都亲自参与企业的管理和经营。公司的经营权和所有权是分离的。今天负责企业经营的是苏总，所以你们觉得什么事都好商量。然而等哪一天企业做大了，可能需要聘请一名总经理，到时候就会产生实际掌管企业经营的经理层。因此，投资者和经营者之间的关系并非那么简单，这里有个职责和权限的分配问题，实际上也是利益的分配问题。股东会负责什么，董事会负责什么，总经理负责什么，哪种决策要通过哪种程序来作出，这些都是公司设立之初必须解决的问题。在法律上这叫公司法人治理结构。不少纠纷的发生是因为一开始没有建立合理的公司法人治理结构，而此类纠纷一旦发生基本上都是致命的。”我犹如在法庭上发言，表情严肃地讲道。

言毕，我慢悠悠地端起了茶杯，观察他们的反应。

“吴律师说得很有道理。”苏总手一挥霸气地说，“我们的目标是五年内做成冷链物流领域的龙头，不是小打小闹，所以必须打好基础，不能有任何隐患。”

那两位股东顺着他的话点点头。

“你们之间可能有协议，不过，股东出资协议里一般没有决策程序和权力分配方面的约定，所以公司应该通过章程和制度把它规范起来，特别是章程。章程不只是公司注册用的材料，更是公司的‘法律’，许多重要的内容应该在章程里作出规定，比如表决权的问题。有限责任公司的表决权，是可以在章程里作出特别规定的。”我接着说。

这三位听得都异常专注，他们意识到现在的话题与自己的利益息息相关。苏总是大股东，占 40% 的股份，其他两位是小股东的股份加起来占 60%。现在苏总掌握着经营权，但只是相对控股，所以按照《公司法》的规定，修改章程等许多重大决策他自己无法作出，除非在章程中对表决权另行作出规定。

他们之间的关系相当复杂而微妙。正因如此，我才特意提出来。我要触动他们每个人的敏感神经，让他们觉得我不仅比较专业，还比较公正，能够从企业整体的角度考虑问题，考虑每位股东的切身利益。要知道，三位股东“面试”我，只要有一位坚决反对我都不可能得到这份订单。

可他们能听懂我的弦外之音吗？我前面的话上半段是说给两位小股东的，而下半段关于表决权的内容是说给苏总的。我感觉苏总似乎已经心领神会，在我讲完表决权时他微笑着给我的杯子里添满了茶水。但那两位呢？他们好像似懂非懂，不过，神情看起来倒挺愉快，也许他们认为我讲的对他们有利。

然而，这个问题过于敏感，我必须点到为止。从刚才的交流中我初步判断，那两位小股东对公司的管理应该比较外行，因此，我决定接下来全力以赴地争取苏总的支持。

那么，苏总最关心的问题是什么呢？不是公司控制权，他一定认为自己完全能搞定这两位股东。最让他头疼的应该是对关联企业的管理模式问题。这个行业竞争十分激烈，如果没有管理模式上的创新很难做大做强。

我刚想转移话题，苏总便主动提起：“还有个重要的事，我们在全国有不少关联企业，需要研究以什么方式去管理它们，对于这方面吴律师有什么高见？”

“这些关联企业是仓储企业还是运输企业？”我问。

“都有，但我们的优势是运输。”苏总说。

“您是说，你们公司主要负责运输，关联企业主要负责仓储，是这样吗？”

“没错。我们的铁路运输网和公路运输网已经基本形成，但仓储方面还要靠关联企业。”

“您说的关联企业，这个‘关联’具体指什么？你们有入股吗？”

“没有入股。有几家正准备谈合资的事儿。”

“那就是通过签订合同的方式进行合作，是吧？”

“对，都是多年的合作伙伴。不过……”苏总拿起茶杯喝了一口，脸上突然布满了阴云。

“不过太不确定了，是吧？”我接过他的话头。

苏总苦笑着点了点头。

“苏总，坦率地说，我对这个行业和你们企业都不太了解，现在谈什么方案还为时尚早。我需要进行详细的调查，可能需要一两个月，到时候我会给你们一个书面的报告。不过，我给物流企业打过官司，有些方面多少知道一点。我认为物流企业要想做大做强，应该向前后延伸，实施纵向一体化战略，直接对接生产企业和销售企业，这样不仅可以保障稳定的订单，还可以减少仓储成本。但即便如此，运输企业也应该建立自己的仓储基地，至少几个关键城市如沈阳、郑州、武汉等商品集散地应该有自己的仓储基地。这需要大量资金，所以，可以考虑采用互相持股的方式，和当地有规模的仓储企业结成比较稳固的联盟……”

“互相持股？”苏总放下茶杯打断道。

“对。我觉得你们公司应该往上市的方向努力。所以，公司的形式应该逐步从有限责任公司向股份有限公司过渡，而股份有限公司的股份是比较分散的。当然，这是一个过程，需要一定的时间，但公司可以从现在开始放开股份，吸引一些企业进来。同时，公司也可以积极向关联企业进行投资，这样慢慢就会形成你中有我，我中有你的股权结构，日本有些公司之间就进行这样的合作，效果非常好。”

啪！苏总拍了一下茶几兴奋地说：“吴律师，你跟我想到一块儿去了，这是快速发展的最佳途径。”

两位小股东满面笑容地点头赞同。

“我看就这样吧。”苏总对两位股东说，两位股东也点头回应。苏总遂把目光转向我："吴律师，我给你两个月时间。这两个月你不仅要去各地调查，还要经常来公司参加各种会议。我给你弄个办公室，再给你配个助手。现在要做的事太多了，我希望你暂时把手里其他的事放一放，先过来帮我，我不会亏待你的。"

我有些惊讶，没想到事情竟如此顺利。不过，签订合同之前一切随时可能改变。因此，我谨慎地说："苏总，我马上起草一份常年法律顾问合同，签约之后我就着手去各地做调查。"

"好，要尽快。吴律师喜欢喝酒吗？晚上一起去喝两杯。"苏总热情地说。

我看了一下手表，才三点半。我找借口谢绝了。还有两三个小时才能吃饭，长时间闲聊很容易节外生枝，而且喝酒必然会说很多话，言多必失。律师最好与客户保持一定距离，太近了得不到尊重，太远了又影响沟通。若即若离，才能同时拥有权威感和亲近感。

这次谈企业常年法律顾问看似行云流水，其实也离不开精心准备。它由四步组成，每一步都有各自的目标，但又步步相连共同指向最终的目标：

第一步：树立专业权威形象

我一开口就提出比较专业的概念——公司法人治理结构。这既是法律概念又是管理概念，除非对此有过专门的研究，否则很难把它说清楚。为什么跟企业的股东谈如此深奥的概念呢？目的很简单，就是为了树立专业权威的形象。苏总说这个企业原来是央企，言外之意是我们需要非常优秀的律师，这是有意显示自己和企业的地位。所以我必须首先让他们明白，我不是泛泛之辈，而是具有相当专业水平的律师，配得上你们企业。

第二步：兼顾各方核心利益

紧接着，我谈到了企业经营权和使用权分离以及企业控制权的问题，这是苏总和那两位股东都十分关心的核心利益，随着企业发展，各位股东在控制权方面可能会发生冲突，这也是公司最大的隐患。我特意把它提出来，就是让他们都认识到，在这个问题上我不会偏向任何一方，我会顾全大局，维护公司利益，而不是维护某个人的利益。这也是在宣示自己的职业道德，是极其重要的。

第三步：重点突破关键人物

通过第二步我稳住了两位小股东，现在需要说服苏总，因为他才是真正的决策者。两位小股东的认可可以让我当上企业法律顾问，但不足以让我当上常年法律顾问。苏总是在央企工作过的领导，不是一夜暴富的小老板，说服他用常规之法很难奏效。最有效的办法就是解决他最关心的问题，而他最关心的问题一定是涉及企业长远发展的问题，即战略问题。因此，我提出纵向一体化战略和互相持股的策略，与他不谋而合，于是签约就水到渠成。

苏总需要的正是这种既懂顶层设计又懂法律实务的顾问，这个顾问实际上既是法律顾问又是管理顾问。其实，大企业的法律顾问都需要懂战略管理，因为有些业务如公司法人治理结构的设计或调整，不懂企业战略根本无从着手。

第四步：若即若离赢得尊重

我和苏总一拍即合，当时我也挺高兴，以我的性格也想畅饮几杯。然而，如果那天晚上我跟他们去喝酒，不但不能增进感情，反而会让他们觉得我不够沉稳，可能会失去他们的尊重。而当事人的尊重，是律师做好工作的前提。

另外，苏总是见过世面的人，他请我喝酒也不排除是一种考验，而酒桌上的考验，对于律师来说既不必要也很无聊。因此，与当事人保持适当的距离，始终如履薄冰谨言慎行，是律师重要的处世之道。

综上，谈“常法”与谈案件从方法上看并无本质区别，都需要运用适当的策略。律师应该善于谋划，善于将法律知识融入具体的步骤之中，只有这样法律才能在办案中发挥真正的威力，这也是律师的基本功。我认为，律师真正的特点不是能言善辩，而是足智多谋。

这一部分也是《律师基本功》一书中的内容。我在这里进行引用是因为与企业谈常年法律顾问很少能像这次一样一挥而就。这是十分难得的案例，所以，权当送给本书读者的一个“彩蛋”。

第五章

律师收费方法

当你提供了值得购买的东西时，他们就会买账。

美国管理学家　汤姆·彼得斯

谈案是说服与被说服的过程，律师费的商谈更是如此。

那么，律师用什么方法说服当事人接受自己提出的律师费呢？靠合理的收费方案。因此，在律师费商谈中，律师能否提出合理的收费方案至关重要。

实际上，收费方案是律师对自己所提供的法律服务的价值评价。所以，制定收费方案时，要综合考虑当事人的目标、案件复杂性、标的额、支付方式、市场环境等各种因素。这样制定出来的方案，才能让当事人感觉到公平合理，也更容易被当事人接受。

很多律师的做法是，根据标的额计算出一个大概的律师费报给当事人，或者考虑案件复杂性或风险因素报出一个大概的律师费，这样的做法有点“简单粗暴”，往往给当事人一种被强迫的感觉，容易引发当事人的抵触情绪。

当事人要花钱聘请律师，有时候还需要花不少钱，应该让他们感觉到自己受到了应有的尊重，让他们感觉到自己才是最终的决定者。而律师把认真制定的收费方案（而不是单纯的报价）交给当事人，请他们提出自己的意见，既能显出律师严谨负责的工作作风，也能使当事人产生受到尊重和自己是决定者的感觉。

如果律师在提出案件解决方案之后，紧接着提出收费方案，效果就会更好。因为解决方案体现的是律师的专业能力，而收费方案则是对律师专业能力的价值评价。所以，当事人一旦认可了律师提出的解决方案，就比较容易接受律师提出的收费方案。

简而言之，律师与当事人商谈律师费时，首先要综合考虑各种因素制定收费方案，然后用合适的方式向当事人提出。以我的经验，用这样的方法获得的律师费，基本上是公平合理的。

当然，律师也可以用适当的方法追求高额的律师费，只要不违反法律和政策规定。

第一节　制定收费方案应遵循的原则

律师制定收费方案时，首先要遵循两个基本原则：一是依法有据，二是公平合理。

一、依法有据

2006年国家发展和改革委员会、司法部颁布了《律师服务收费管理办法》。2021年12月28日，司法部、国家发展和改革委员会、国家市场监督管理总局又印发了《关于进一步规范律师服务收费的意见》（以下简称《律师收费意见》）。

《律师收费意见》要求，律师事务所应当严格执行明码标价制度，律师事务所不得超出该所在律师协会备案的律师服务费标准收费。

《律师收费意见》还规定了律师事务所在风险代理各个环节收取的服务费合计最高金额：标的额不足人民币100万元的部分，不得超过标的额的18%；标的额在人民币100万元以上不足500万元的部分，不得超过标的额的15%；标的额在人民币500万元以上不足1000万元的部分，不得超过标的额的12%；标的额在人民币1000万元以上不足5000万元的部分，不得超过标的额的9%；标的额在人民币5000万元以上的部分，不得超过标的额的6%。

我们制定收费方案时，计算的律师费必须符合上述政策规定。

律师是用法律谋求生存和发展乃至实现自我的职业，所以，守法应该成为律师的底线。特别是在收费方面，律师要严格遵守有关规定，否则很容易自毁前程。近年来，不少律师因为私自收费、违法收费受到有关部门的行政处罚。律师一旦有被处罚的记录，不仅转所等事项受到影响，还很容易失去当事人的信任，执业之路会变得更加艰难。

二、公平合理

如何公平合理地计算代理费，是律师需要重点研究的问题。

一个案件收取多少律师费才是公平合理的呢?

我曾给两位律师介绍过一起故意伤害（轻伤二级）案件，一个是李律师，一个是张律师，他们在不同的律师事务所执业，执业年限都差不多有十年。我让嫌疑人的妻子分别谈一下，然后自己选择。那时嫌疑人已经被刑事拘留，所以他的妻子心急如焚。她马上约两个律师面谈。谈完后，两个律师都举起了自己的价格牌：李律师报价 10 万元，一次性支付；张律师报价 15 万元，可以分两次支付。过了几天，这位当事人的妻子与张律师签订了合同。

我问她，为什么最终选择了张律师。她说，就是一种感觉，感觉张律师的收费方案更加公平合理。这让我大为不解。同一个案件，张律师的报价比李律师高出 1/3，她为什么觉得更加公平合理呢?

于是，我让她讲一讲谈案的过程。

她说："李律师认为，这个案件最好是找人和解，让受害人写个'谅解书'给司法机关，然后主动认罪认罚，这样很可能得到缓行判决；而张律师认为，这明显是冤案，现有的证据根本不能证明嫌疑人有罪，不能排除有其他可能性的合理怀疑，所以一定要坚定不移地做无罪辩护。另外，按照张律师的收费方案，我可以分两次支付，第一次支付8万元，剩余的可以在一审判决后支付。我觉得，这样的支付方式比较合理。”

我恍然大悟。原来，决定当事人感觉（哪个更公平合理）的是律师提出的解决方案和收费方案。其实，当事人虽然说是感觉，但实际上是对解决方案的价值判断，以及对收费方案合理性的评价。当事人认为，张律师的解决方案值15万元，而且分两次支付比较合理。而李律师提出的解决方案不值10万元，何况是一次性支付。

由此可见，当事人认为律师收费是否公平合理与律师费高低没有必然关系，只与律师提出的解决方案和收费方案有关。

第二节　制定收费方案需要考虑的因素

律师在制定收费方案时，先计算出合理的律师费是关键。而要计算出合理的律师费，就必须考虑许多因素，其中案件标的额、案件复杂性、律师服务价值、市场环境、支付方式五个因素最为重要。

计算复杂案件的律师费时，可以用权重系数表示不同因素的重要性。

1. 案件标的额

案件标的额是计算律师费时首先要考虑的因素。大多数律师计算民商事案件的律师费时，通常参考司法局制定的律师服务费指导价格，根据标的额所在区间确定一个收费比例，然后乘标的额得出律师费数额，再考虑其他因素制定具体的收费方案。

2. 案件复杂性

有些案件比较复杂，计算律师费时要充分考虑这一点。其中，特别复杂的案件应该首先考虑案件复杂性，而不是标的额。

案件的复杂性主要体现在以下几个方面：

（1）案件本身的法律问题比较复杂。比如，刑事案件的定性，当事人的行为属于正当防卫还是故意伤害。还有一些案件看起来比较简单，但处理起来其实相当复杂，如民间借贷案件。

（2）案件的背景比较复杂。比如，涉黑案件、国有企业改制案件、征地拆迁案件等。这些案件的背景，不仅关系到案件可能的处理结果，还关系到律师的执业风险。

（3）当事人的情况比较复杂。比如，有些群体性纠纷。2023年，山东一名女律师在代理75名农民工讨薪时因涉嫌虚假诉讼罪被捕。

（4）办案机关的地理位置。有的案件需要到很远或很偏僻的地方办理，所以，计算这类案件的律师费时，要考虑可能付出的时间成本和人身安全等因素。有些地区目前仍然存在比较严重的地方保护主义，这可能会影响办案的难度，甚至可能有执业风险，必须认真考虑。

3. 律师服务价值

无论是什么类型的市场，归根结底是价值决定价格。法律服务市场也不例外。

为什么有的刑辩律师，收费几百万元甚至上千万元，仍然有许多当事人争相聘请呢？因为他们提供的服务价值确实不同寻常。仔细观察这些律师的办案过程不难发现，他们为了拯救和保护当事人，几乎用尽所有合法的手段，不顾风险、披荆斩棘、百折不挠。所以，他们的办案业绩也比较突出，每年都能让一些无辜的当事人重获自由。

与此形成鲜明对比的是，有些律师所谓的办案只不过是走过场，看似认真履行了律师的职责，其实根本没有提供真正有价值的服务。

中国人常说：一分钱一分货。这句话在法律服务市场也是完全适用的。

那么，在谈案的时候，当事人会如何评估一个律师的服务价值呢？通过律师提出的解决方案。律师在计算服务费时，也要认真考虑自己提出的解决方案的价值。很多律师认识不到这一点，所以无法谈成合理的律师费。

我们要时刻记住，律师卖的不是苦力，也不是法律知识。律师卖的是解决方案，是独特的服务价值。我们只有从这个高度认识律师费，才能在与当事人谈案时理直气壮地提出合理的律师费。

4. 市场环境

现在的法律服务市场可谓乱象丛生。据说，某大型国有企业要聘请法律顾问团队，向律师界发出招标通知。结果有一家律师事务所的小团队投标，报价一元。他们说，只要让我们干就行，可以不要钱。这也许是他们的一种策略，但这种行为违反了《律师法》和《反不正当竞争法》，所以不应该提倡，而应该受到处罚。

客观地讲，现在律师人数急剧增加，而经济形势日益严峻，所以恶性竞争似乎在所难免。在这种环境下，律师如果不调整价格策略，恐怕很难立足，已有的市场可能也会失去。

然而，这不等于采用没有底线的竞争策略，因为那只能造成恶性循环，最终毁掉我们安身立命的法律服务市场。

我的观点是：如果当事人的法律事务属于传统的业务，应该根据市场情况适当降低收费；然而，如果当事人的法律事务属于疑难问题，或者需要特殊的知识或经验，或者存在各种危险，反而应该提高收费。总之，很多律师都会做的、都想做的业务只能降低价格，而只有部分律师才能胜任或只有部分律师才愿意做的业务却要提高价格。这就是市场营销中的低成本策略和差异化策略。

因此，我们在制定收费方案时，必须充分考虑市场环境这一因素，深入研究当事人需要解决的问题属于哪个细分市场，最终确定合理的收费方案。

5. 支付方式

确定支付方式时，要考虑是一次性支付还是分阶段支付，先收费再办案（正常代理）还是办完案件再收费（风险代理）等。支付方式不同，收取的律师费往往也不一样。

律师制定收费方案时，往往根据支付方式调整律师费，所以支付方式尤为重要。

第三节　九种常用的律师收费方案

律师要根据案件的具体特点，选择不同的收费方案。下面，介绍九种比较常用的律师收费方案，供大家参考。

1. 按正常标准收费

按照国家有关部门规定的要求和指导价格以及律师事务所收费标准计算律师费，然后根据案件的特点、所处的阶段（如一审、二审等）以及当事人的经济状况，给予一定的优惠。

按正常标准收费时，考虑的主要因素是标的额。有些特殊案件可以采用按件收费的方案，如物业公司起诉业主索要物业费案，这种案件往往数量比较大但是每个案件的标的额都比较小。

2. 超低价收费

这是为了生存不得不采取的收费方案，或者为了占领市场特意采取的营销策略。

刚执业的律师大多属于前者，他们既缺乏案源，又缺乏办案经验，无法与老律师竞争，而且还需要通过办案锻炼自己，所以不得不大幅压低价格。这个出发点我很理解，但不能没有底线，否则很容易失去当事人的尊重和信任。

我认识一位年轻的律师，在他刚拿到执业证时，律师事务所就给他介绍了一个案件。这是公司间的购销合同纠纷案件，案件并不简单，而且标的额达到300万元，但这位律师提出的代理费只有2万元。开庭前，他可能感觉到自己没有把握，又把所里一位年龄较大但也是刚刚开始执业的“老律师”介绍给当事人。当事人感觉这位“老律师”比较成熟，于是又支付了2万元律师费，请“老律师”共同代理。结果，当事人的案件一审败诉了，二审时，当事人没有再委托这两位律师。其实，这个案件正常的收费应该在10万元左右。

这个例子说明，当事人聘请律师时，虽然很看重费用多少，但更看重律师的服务价值。如果当事人认为律师提供的服务没有价值，那么再低的收费也难以留住当事人。

超低价收费，既不是律师生存之道，也不是律师发展之道。

而一些很有实力的律师事务所或律师团队，有时候为了抢占某个细分市场，也会给当事人超低的价格，但这是不正当竞争行为，会扰乱整个法律服务市场，应该受到有关部门的处罚。

3. 包干式收费

包干，就是“一揽子”代理，即代理一审、二审、执行等所有阶段，直至问题解决。律师需要仔细计算完成全部任务所需的代理费，然后约定一次性或分几次收费。

采用这种方案，律师要充分考虑时间成本。有的案件从起诉到执行结案，需要很多年。特别是执行，有时候遥遥无期，而当事人会不断地催促你，让你进退两难。

4. 分阶段收费

律师都希望签订委托代理合同时一次性收取律师费。但是，有时候当事人会提出分阶段支付律师费的要求，即先支付一部分律师费，然后约定剩余律师费在什么时间支付或什么条件成就时支付。当事人这么做通常不是因为经济困难，而是因为对律师不太信任，所以想掌握主动，万一律师不令人满意就解除合同。

律师有时候也会主动向当事人提出分阶段收费方案。前面讲的故意伤害（轻伤二级）案中，张律师就提出了分阶段收费方案加上无罪辩护方案，用一套简单有效的“组合拳”轻松战胜了竞争对手。

不过，分阶段收费时，律师一定要设计好剩余律师费支付的时间或条件。这个时间或条件必须能够制约当事人，让当事人在约定的时间或条件成就时，毫不拖延地支付剩余律师费。

我曾在采用分阶段收费方案时，和当事人在委托代理合同中约定：甲方（当事人）在签订委托代理合同时向乙方（律师事务所）支付 50% 律师费，剩余 50% 律师费在收到法院第一次开庭通知后二日内向乙方支付。若甲方不按期支付剩余律师费，乙方可以不参加法庭审理，由此产生的一切后果由甲方承担。

5. 风险代理

风险代理，通俗来讲就是先工作后收费，并且是根据工作成果收费。这是律师比较自信的做法。做风险代理，要注意以下几点：

（1）制定的收费方案不能违反《律师服务收费管理办法》和《律师收费意见》，特别是风险代理的提成比例（最高额限制）要严格遵守《律师收费意见》的规定。

（2）风险代理收费方案可以设计为风险代理费加固定费用。其中，收取多少固定费用要根据具体的案情灵活确定。当然，采用这种收费方案时，风险代理费较纯粹的风险代理要低一些。

（3）做风险代理一定要慎之又慎，只有在你完全能够掌控案件和当事人的情况下，才能做风险代理。

什么叫完全掌控呢？

第一，有很大的把握能够拿到胜诉判决书或者通过谈判解决。

第二，胜诉后能够按判决书执行到被告的财产。

第三，保证在执行到的财产中先拿到律师费。

在这三个环节中，无论在哪一个环节上出问题，风险代理都不可能成功。

我见过好几个律师做风险代理，却弄得身心俱疲，一无所获。

现在，做执行案件的律师采取风险代理收费方式的好像比较多。风险代理合同中约定的提成比例往往比较高，而风险代理只有从被告那里拿到钱才能获得报酬，所以有些律师就“拼命地”寻找财产线索，锁定可执行财产。这里就潜伏着巨大的执业风险。曾有新闻报道有个执行团队的律师被某市公安机关刑事拘留，涉嫌的罪名是寻衅滋事罪。

6. 诉讼中增加律师费

有些案件，在谈案的时候无法准确确定标的额或需要投入的时间成本，当事人有时候也说不清楚具体的财产数额或出于某种想法故意瞒报财产数额。所以遇到此类案件，律师在设计收费方案时应该考虑这些因素，并向当事人明确说明，如果在诉讼中标的额明显增加或律师需要大幅增加工作时间，则相应增加律师费，并把这些内容写进委托代理合同中。

2013 年前后，我代理一起离婚案件。签订委托代理合同时当事人说，他们夫妻共同财产最多 600 万元，我按这个标的额计算了律师费。但我知道，离婚案件中当事人经常瞒报财产，所以我郑重地告诉他，如果在诉讼中财产数额明显增加（增加财产超过 100 万元），必须相应地增加律师费，他表示同意，于是这个约定就写进了我们的合同条款。果然，开庭的时候，对方提出某地还有一套房产，虽然在当事人一人名下但属于夫妻共同财产。如此一来，标的额瞬间就增加了一倍，他只好按约定补交了律师费。

在诉讼中增加律师费是比较公平的收费方案。律师用这种方案，可以保证每一份劳动都有相应的回报，免得付出很多却收费很少，导致心里不平衡。心里不平衡，就做不好工作。

7. 整体上考虑收费方案

律师在谈案之初，就要对案件可能的走向、需要经历的法律程序进行充分的预判，在谈第一阶段代理工作时就要简单向当事人提示，如果此案后续可能发展到什么阶段，将会如何收费。

曾有个年轻律师向我诉苦，说自己做了一件蠢事。他很无奈地说："我代理一起劳动争议纠纷，代理的是和解阶段，代表企业与员工协商。我详细研究了这个案子，制定了一个和解方案，跟员工谈了三次，但由于双方的分歧太大，最终没有谈成。所以，案件就进入劳动仲裁阶段。我当时觉得，和解没成功，不好意思再收费，所以向当事人承诺，免费代理劳动仲裁和诉讼。然而，冷静下来后发现，这需要付出很多时间和精力，心里有些后悔。"

这种情况在执业不久的年轻律师身上比较常见。它体现了读书人的某种特点：纯朴、实在，遇到问题喜欢自责。我也经历过这样的时期，所以很理解。

我安慰说："你就当是做了一次法律援助吧。不过，从谈律师费的角度来讲，之所以出现这种情况主要是因为，跟企业谈案件的时候没有从整体上考虑收费方案。你应该想到，一旦和解不成，必然会走劳动仲裁和诉讼程序。所以，一开始你就应该跟企业讲清楚，律师是分阶段收费的，现在和解阶段我收多少费用，万一无法达成和解，进入劳动仲裁和法院诉讼阶段，我收多少费用，能在费用上给予多少优惠。"

8. 计时收费加费用封顶方案

国内客户无论是个人还是企业，一般都不喜欢计时收费方式，因为这种方式的主动权完全掌握在律师手里，而当事人担心律师不诚信，随意报出完成任务耗费的工作时间。

但是，时间上不确定性比较强且当事人能够监督的业务，可以采用这种方式，如到外地协助客户谈判。

由于外国人或外国企业习惯于律师计时收费，因此相关业务也可以采用这种方式。

不过，即使同意计时收费的当事人，也希望约定可能产生的律师费总额。所以，有经验的律师，一般会主动提出计时收费加费用封顶的收费方案，以消除当事人的疑虑。总之，律师要善于想客户之所想。

计算封顶费用时，律师不可大意，必须事先搞清楚，当事人要求律师完成的工作任务和目标。有的任务和目标看起来比较简单，但需要付出的时间和精力非常多，如需要查阅大量资料。

9. 企业常年法律顾问费的收费方案

企业是一个组织，组织的决策方式与个人迥然不同，所以，跟企业谈法律顾问费，必须准备一份书面的收费方案。

收费方案中首先要写明，企业支付常年法律顾问费能够得到哪些法律服务。一般情况下，常年法律顾问费是律师提供基本服务的费用，这些基本服务主要包括：起草和审查合同；审查规章制度；解答企业的法律咨询；为企业有关人员进行法律培训（一般每年不超过两次）；为企业决策提供法律意见；处理企业发生的纠纷等。

收费方案中还要写明，律师可以提供哪些基本服务之外的法律服务，这些法律服务如何收费。比如，为企业建立合规管理体系，收费10万元。这部分关于基本服务之外的内容，律师应该好好研究。我曾说，企业法律顾问是律师可以不断挖掘的金矿，而金子主要来自这部分的约定。

另外，有些企业在谈常年法律顾问时，可能会向律师提出某些特殊的要求，如每周必须到企业现场办公一次。那计算常年法律顾问费时，也需要考虑这些因素。

第四节　如何向当事人提出收费方案

律师用什么方式提出收费方案更容易让当事人接受呢?

以我的经验，有一种方式比较有效：提出解决方案之后，紧接着提出收费方案，让两个方案看起来是一个整体。

举个例子：

有一个企业老板，咨询我一起相当复杂的纠纷，涉及多个法律关系、几家企业和十几个人。我与他进行了两次交流，研究了他提供的证据，然后给他写了一份书面材料——《建议》。

建　议

王总：

我仔细阅读了您传给我的有关材料，基本厘清了问题，但有不少重要的事实还需要进一步了解。鉴于这种情况，我提出以下建议，仅供您参考。

一、法律问题及初步方案

1. 关于北京A公司

这里的问题相当复杂，实际上涉及两个公司，一个是A公司，另一个是它控股的B公司。需要使用的法律手段和要走的法律程序也比较多。

从A公司的银行流水账单可以看出，于某等人可能涉嫌挪用公司资金或职务侵占，当然也不排除资金用在公司的项目上，这需要详细调查。与北京某协会的大额资金往来，也有可能涉嫌某种违法行为。由于在法律上，该公司的法定代表人、执行董事、经理是邱某，因此，必须立即处理好该公司的问题。第一，应该正式通知于某、李某和公司会计，公司已经更换公章，具体通知应由律师起草或审查；第二，准备对两个公司进行审计；第三，准备报案材料和举报材料；第四，准备起诉于某、刘某等人，要求返还挪用或侵占的财产；第五，考虑解散和清算A公司、B公司。

总之，从现在起，要全面行使执行董事和控股股东的权利。虽然具体运作比较复杂，但可能会起到立竿见影的效果。

2. 关于郭某出资180万元

从法律上讲，既然拟成立的公司未能成立，就应该返还出资，但具体情况可能没那么简单，需要深入了解。但无论如何，应立即起诉北京某企业管理公司。只有启动了司法程序，我们才能掌握真实情况。

3. 关于王某给李某借款 100 万元

最初的借款人是北京某企业管理公司，北京某协会品控自律联盟是担保人。李某后来以个人名义打了借条。所以，起诉谁以及如何起诉，具体方案要慎重考虑。

4. 关于邱某 14 万元借款

如果邱某和李某没有其他债权债务关系，民间借贷法律关系应该成立，可以起诉要求还款。

5. 关于王某投资 80 万元入股 C 公司

第一步：应该去市场监督管理局调取工商登记档案，了解其他股东的出资情况；第二步：向公司行使“股东知情权”，公司不予配合就准备起诉。

上述案件看起来是单独的，但真正的对象都是李某，所以从策略上应该统筹考虑，制定整体方案。整体方案应该主要围绕第一个案件即关于北京 A 公司的案件展开，因为李某等人的问题可能主要集中在这里。

二、律师费

经过反复研究，现提出以下两种收费方案，请王总考虑：

第一种方案：正常代理。

根据案件的复杂程度、案件标的额、需要投入的时间以及支付方式，收取固定的费用，不与结果挂钩。

涉及 A 公司的纠纷比较复杂，里面可能包含多个案件，如职务侵占刑事案、返还挪用资金案、解散和清算公司案、控告投诉等，而且涉及其控股的另一家企业 B 公司。此案也必然涉及与李某的其他纠纷，所以，这部分律师费暂定为 19 万元。如果代理过程中，出现特别复杂的情况，投入的时间明显增加，需要适当增加律师费。此费用不包括代理 B 公司的纠纷案件。

郭某出资 180 万元案件，律师费 8 万元。

王某 100 万元借款纠纷，律师费 3 万元。

邱某 14 万元借款纠纷，律师费 1 万元。

王某 80 万元入股 C 公司纠纷，律师费 4 万元。

以上合计 35 万元，在签订委托代理合同时一次性支付。

第二种方案：风险代理。

负责处理上面所有案件，不包括代理 B 公司的纠纷案件。

（1）基础费用 15 万元，在签订委托代理合同时一次性支付。基础费用无论出现什么结果均不予退还。

（2）根据实际收回的资金，在基础费用之上按 12% 再收取律师费，即风险代理费。风险代理费应在实际收回的资金中先行支付。

这份《建议》是由法律问题及初步方案和收费方案组成的。

制定该案的收费方案时，我主要考虑了两点：

第一点是案件的复杂性。这是案中有案的复杂案件，涉及的法律关系比较复杂，当事人也比较多。所以，复杂性是需要考虑的首要因素。因此，我在“法律问题及初步方案”部分，通过案件分析和解决方案，着重强调了案件的复杂性。并且，涉及 A 公司的纠纷，我提出律师费暂定为 19 万元，随后进一步说明什么情况下要增加律师费。

第二点是案件的标的额。标的额是最直观的，可以让当事人很快计算出来。

我把案件的复杂性和标的额结合起来，在分析法律问题、提出解决方案之后，马上就提出了收费方案。

当事人可能从我的分析中意识到了案件的复杂性，并且认为我的解决方案比较可行，觉得这样的服务需要支付相应的费用。所以，他在选择第一方案时没有对律师费数额提出异议，只是提出能否分两次支付。但我婉言拒绝了，因为这些案件互相搅和在一起，错综复杂，不确定性非常大，我可能一开始就要付出相当多的精力和时间。

其实，在提出解决方案之后紧接着提出收费方案是基于策略上的考虑，即放大解决方案的重要性，增加当事人对案件解决（获得）的信心，同时缩小收费方案的重要性，减少当事人对律师费（付出）的感知。这种策略符合心理学原理，因此广泛用于各类博弈中。

第五节　怎样才能获得高额律师费

律师是用法律服务换取金钱来谋生和发展的职业。从这个角度来讲，律师做的也是生意。有些律师坦率地指出，做律师就是做生意。既然律师的服务具有商业性质，律师也希望能够获得超额利润，即在法律规定的范围内获得超出正常标准的高额律师费。

那么，律师怎样才能获得高额律师费呢？根据多年的观察，我总结出以下几种方法，大家可以参考。

1. 风险代理

我们在前面讲过，风险代理就是先工作后收费，并且是根据工作成果收费。因为这样的收费方案对于律师来说风险比较大，有可能付出很多但一无所获，所以约定的律师费一般都比较高。可一旦成功，就会得到相当可观的报酬。除此之外，还可能一夜成名，从此不愁没有业务，可谓一举两得。所以我们常说，风险与机会并存，风险越大，机会也越大。

前不久，在中国工作的美国律师李先生请我吃饭。他表现得特别高兴，说自己刚刚完成了一个法律项目。原来，他把韩国的一家半导体企业成功地引进到某市高新园区。他按投资到位的金额收取 2% 律师费，结果这家韩国企业共投资了 1.5 亿元人民币，于是他拿到了 300 万元律师费。这就是典型的风险代理，按他的话讲就是“报酬后付”。

可见，风险代理做好了，就可以获得高额的律师费。

2. 提供超值服务

有些律师在正常代理的同时，还全力以赴地帮助当事人投诉、控告，甚至在自媒体上发声。

近年来被平反的刑事冤案说明，罪犯在服刑很多年后获得无罪判决，重获自由，律师提供的这些超值服务起了不小作用。而大部分律师是不提供这些超值服务的，因为这里往往存在一定的执业风险。

3. 提供独特的服务

如果一个律师能够提供大部分律师不能提供的独特服务，自然就可以获得高额的律师费，如为涉及“一带一路”或WTO争端的事务提供法律服务。

不过，我这里说的独特服务，不仅指这些高端业务。有一些法律业务并不需要特殊的知识，但由于关注的人比较少，因此会做的律师并不多。比如，有的律师专门为外资企业提供公司解散（而非破产）方面的法律服务。

4. 专耕独特的细分市场

有些细分市场比较独特，一般的律师很难进入。比如，不良资产处置方面的法律业务，这也是收益相当高的法律服务市场，它不仅需要律师掌握丰富的知识，还需要律师具有很强的综合能力。

5. 提供“一揽子”服务

这主要是针对企业客户。以担任企业法律顾问为例，如果你能为一家企业，从顶层设计（如制定规章制度、设计法人治理结构等）到日常管理（如合同审查、法律咨询等），拿出一整套方案，提供“一揽子”服务，你的收费就会比较高。

为企业提供“一揽子”服务的律师或团队，往往都有相应的法律产品，如“企业合同管理体系建设指南”。

6. 解决燃眉之急

为什么刑事案件的收费都比较高呢？一个故意伤害（轻伤）案件，动辄就收十几万元律师费。其中一个原因是当事人（嫌疑人）失去自由了，按照法律规定，只有律师才能会见当事人。当事人的家属很迫切地想知道他现在怎么样，但自己见不着，没办法只好请律师会见嫌疑人。而当事人家属大多不太懂法律，所以只能听律师的建议。所以，刑事案件的律师费往往比较高。这个高额的律师费里，其实包含着解决燃眉之急的费用。不过，我经常觉得，这里似乎有点“乘人之危”的成分，因为有的律师并没有提供真正有价值的服务。

7. 开拓新市场

由于科技和经济的迅猛发展，不断出现新市场、新业务，如与网络、自媒体有关的法律业务。这方面也是青年律师应该主攻的方向，新领域的问题老律师大多搞不明白，也不感兴趣。

现在，青年律师比较多，青年律师在新市场、新业务领域中的竞争也很激烈。但是，进入比较早，研究比较透的律师，还是能够获得高额的收益。

8. 做一般律师不敢做或不愿意做的业务

北京有一部分律师，专门跑全国各地办理征地拆迁案件，据说收益非常可观。当地的律师，一般不敢做本地的征地拆迁业务，而北京的大部分律师，又不太愿意跑全国各地做征地拆迁业务。因此，征地拆迁业务就成为一般律师不敢做或不愿意做的业务。

除了征地拆迁，还有一些一般律师不敢做或不愿意做的业务，如涉黑涉毒案件。

律师办理这些案件，通常都能得到高额的律师费，但也存在不小的执业风险。因此，这些收入其实是风险的代价。

以上就是律师收费的几种方法。有人说，价格谈判是一种艺术，我非常赞同。所谓艺术，就是要在规矩之内创造性地解决问题。律师费商谈也是如此。律师必须在法律的框架下计算服务费，再根据案件的特点制定灵活的收费方案，然后用合适的方式向当事人提出来，这样才能顺利地达成协议。

不过，律师费的商谈毕竟涉及双方的切身利益，因此，商谈的过程有时比较曲折，当事人犹豫不决甚至反复无常的现象也比较常见。但不管出现什么情况，律师都不能意气用事，不能轻言放弃。因为谈案到这个阶段，正常情况下，当事人已经对律师产生了信任感。

总之，谈律师费的时候，律师不仅要稳如泰山，还要随机应变，在坚持原则的前提下，创造性地调整收费方案，全力以赴地说服当事人，最终实现谈案的目标。

第六章

谈案中的执业风险

风险来自你不知道自己正在做什么。

美国投资家　沃伦·巴菲特

有些律师特别是刚执业的律师，非常缺乏风险意识，几乎没有风险概念，基本不了解律师在各种复杂的执业活动中会面临的风险。

那么，什么是律师的执业风险呢？简单来讲就是律师在谈案或办案的时候，某种危险事件发生的可能性，以及该危险事件发生后可能产生的后果。比如，律师代理某些特殊民间借贷案件时的执业风险是可能会涉嫌虚假诉讼罪，并因此失去人身自由且永远丧失律师执业资格。

一般情况下，当事人找律师咨询或委托，其目的都比较纯正，就是为了解决涉及法律的问题。但是，由于当事人要解决的问题有时特别复杂，需要采取综合性的措施，而法律手段只是其中的一个措施，解决的只是一部分问题，所以，这个时候律师就很可能沦为当事人的工具人。

而有的当事人经常与律师打交道，对律师职业了如指掌，十分清楚律师最需要什么。所以，往往在找律师之前就已经计划好，如何通过欺骗手段利用律师的工作来达到自己的目的，甚至有的人以谈案为诱饵诈骗律师或者利用律师进行行贿、洗钱等违法犯罪活动。

因此，律师在谈案的时候，必须高度警惕，要能够迅速识别当事人的真正意图，避免跳入当事人设计的陷阱。

下面，我们通过几个案例，看看律师在谈案中可能会面临哪些风险。有的案例看起来比较特殊，在现实中似乎并不常见，但是那绝不是个案，类似的事情在我们身边时有发生，只是严重程度不同而已。

第一节　当事人以案件为诱饵诈骗律师

十多年前，在美丽的海滨之城 K 市，发生了一起三个农民工诈骗一家律师事务所主任 20 万元的案件。K 市早报第二天就报道了这件事，虽然篇幅不长但故事讲得绘声绘色，很有戏剧性，而且故弄玄虚，只说受害人是姓张的某律师事务所主任。这引起 K 市律师们的极大好奇心，人们纷纷猜测此人到底是谁。K 市是个中等规模的城市，当时律师事务所不超过 100 家，而姓张的律所主任更是屈指可数，因此，大家很快就知道了他的名字，于是该律师一时成为律师界茶余饭后的谈资。后来，这件事传出好几个版本，下面我要讲的是其中最为详细且我认为最为合理的版本。

那么，为什么在这里讲这个故事呢？因为这是农民工以案件当事人的身份，通过谈案的过程诈骗律师钱财的典型案件。这样的案件确实不常见，然而，这位律师与三个农民工在谈案时的表现却值得我们深思。接下来我们先看看案件的细节，这是一个非常精彩的故事。为了使故事读起来更加生动有趣，我用小说的笔法对场景和对话做了必要的润色。

星期五上午九点。K市某律师事务所主任张律师，手提行李箱神采飞扬地走进律师事务所，他今天要去深圳出差。前台小杨见到他马上站起身说："主任，有三个当事人在小会议室等您。好像是在某个建筑工地打工的农民工，说有个劳动争议案件想咨询您。"

"劳动争议案件？我没有时间，你让别人接待吧。"他说着往自己的办公室走去。

小杨在他背后喊道："主任，他们说是慕名而来的，说您曾经打赢几十个农民工起诉施工企业的官司。"

他停住了脚步。几十个农民工起诉施工企业？他想起来了。

那个案子他打得相当漂亮，法院支持了他的所有诉讼请求，其中还包括施工企业承诺的奖金，这是非常难得的。看来，这个案件已经在建筑行业产生了影响。他心里很高兴，转过身对小杨说："我马上过去，你给他们弄点水。"

不一会儿，他笑容满面地坐在三个农民工面前，开始听他们讲述事情的经过。

"张主任，您应该知道动漫园二期项目吧？我们是从河南农村来的，就在那个工地干活。"坐在中间的年长者开口道。他大概有60岁，他的左边坐着40岁左右的中年人，右边坐着看起来只有十七八岁的小伙子。

他点了点头，疑惑地问："怎么，这个企业也欠你们工资吗？"他知道这个项目，该项目的开发商是当地知名的房地产企业。

"据说，开发商早就把工程款付给总承包商了，但是总承包商没给下面的分包商，我们的老板是分包商下面的小包工头，所以没有钱给我们发工资。"坐在左边的中年人说。

"欠你们几个月的工资，总共欠多少钱？"他问。

"这两年断断续续加起来得有六个月没有开工资，有的时候也只开基本工资，都加起来大概欠我8万元。他俩也差不多，我们都有自己的专长，工资稍微高一点。"年长的人说。

“我们工地有二三百人，情况都差不多，就是工资不太一样。”中年人补充道。

二三百人？这是个不小的案件。他的脑子迅速转动起来，这个案件如果再打赢，那我在建工领域可就……

这时，年长的人打断了他的思绪：“张主任，以您的能力和影响力，我们这个案件肯定能有好的结果。这个我们一点儿都不担心。律师费呢，我们希望从执行回来的钱里扣除。我们现在实在没有钱，吃饭都是问题。具体的比例您决定，不管多少钱我们都没有意见，我们完全信任您。”

又是风险代理！他微微低下头，皱起眉头开始分析。这个案件应该诉谁还不确定，如果需要起诉那个开发商，案件就可能变得比较复杂，时间会拉得很长，即使胜诉了也不知道什么时候能拿到钱。不过，这是能够产生社会影响力的案件，意义不在赚多少钱上……

“如果您特别为难的话，我们就不麻烦您。”中年人说着站起身要告辞，旁边两个人也站了起来。

他用手示意让他们坐下，然后说：“好，我现在还不能答应你们，我必须先了解一下情况。我今天下午四点要去深圳，等我回来联系你们，我想去工地看看，这段时间你们把相关的材料准备好，我会让助理告诉你们准备哪些材料。”

他们坐下来互相对视了一下，脸上都露出了满意的笑容。这时，坐在右边一直沉默不语的小伙子，从怀里拿出一个用黑乎乎的手绢包裹着的东西，十分恭敬地说：“张主任，我还有个事儿想请教您。”

张主任看这个小伙子好像还没有成年，于是用长辈的语气温和地问：“什么事？”

小伙子小心翼翼地把手绢放在桌子上打开，然后推到他的面前。他一看心里不免有些惊讶，手绢里包着的是一块闪闪发光的金条。

小伙子还是那样恭敬地说：“张主任，我是个农村人，说实话没有见过这么大的金条。您是大律师，见多识广，您看一下，这是不是真的？”

张主任拿起金条，一边从不同角度仔细观察一边问小伙子：“这是哪儿来的？”

“不瞒您说，这是我在工地里干活的时候挖到的。”小伙子说。

“什么？在工地里挖到的？”他用犀利的目光审视着小伙子。小伙子腼腆地笑了笑说：“我在工地负责开挖掘机。前天，我在干活的时候感觉铲子碰到了什么东西，所以下车看了一下，结果发现了一个陶瓷坛子。坛子有点碎了，露出黑色的布包。我很好奇，赶紧过去打开了布包。您猜，里面有什么？”

“金条？”张主任的语气里充满了质疑。

“对，那个布包里全是金条。您知道总共有多少根吗？20根！”小伙子竖起两个手指头眉飞色舞地说。

“20根？”张主任瞪大了眼睛。

小伙子不慌不忙地从右脚边提起黑色的背包放到桌子上，拉开拉链从里面拿出一个脏乎乎的布包，说：“您看，张主任，我挖到的就是这个布包，里面全是金条。”

小伙子说完，像魔术师一样潇洒地打开了布包。全是长约十厘米、宽约四厘米的金条，整齐地摞在一起，金光闪闪，令人炫目。

张主任不自觉地站了起来，眼睛紧紧盯住这些金条。他快60岁了，还从未见过这么多的金条。

“这些都是真的吗？”他本能地发问。这是长期的律师工作形成的职业本能。

“张主任，您说到点子上了。”小伙子说，“我来找您就是因为不知道它是不是真的。我们仨都是农村人，谁都没见过这样的金条。您是成功者，见过大世面，也知道怎么鉴别，所以，想请您给看一下，这金条是不是真的？”

张主任拿起两根金条作着比较的样子感慨道："说实话，我也没有见过这么多的金条啊，也分不清真假。"

"可您是大律师，您肯定知道上哪儿去鉴定吧？"年长的人说。

"这个嘛，可以去银行鉴定。"张主任说，他想到了在某个民营银行做行长的朋友。

"我们去过银行，他们不给鉴定。"中年人说。

这时，小伙子突然站起身给张主任鞠了个躬眼泪汪汪地请求道："张主任，我知道您很忙，但是这件事对我，不是，对我们全家，非常重要。您能不能帮帮忙，现在拿着一根（金条）去一趟银行，让他们给鉴定一下，如果鉴定是真的，我绝不会让您白忙乎的。"

"张主任，是这样，这小孩的家庭特别困难，父母有病干不了活，全靠他一个人支撑。年纪轻轻，蛮可怜的。如果这些金条是真的，他们家以后的生活就有保障了。"年长的人语气沉重地解释道。

张主任犹豫了一会儿，最后决定帮助他们。

小伙子从那些金条中拿起一根递给张主任，说："谢谢您。如果是真的，您顺便问问一根值多少钱。"

张主任接过金条放进西服兜里。“好。你们在这等着，我很快就回来。”

三个人站起身恭敬地目送他走出小会议室。

张主任朋友所在的银行就在附近，五分钟后他走进行长的办公室。神神秘秘地对行长说：“有个当事人没有现金，准备用金条支付律师费，所以想请你们给看一下，这是不是真的，纯度怎么样，值多少钱。”

“用金条支付律师费，闻所未闻啊。”行长笑着打电话叫来鉴定部门的经理。

“做鉴定，必须截取一小块，没问题吧？”鉴定部门的经理问张主任。

“没问题。”张主任说。

鉴定做得很快，鉴定结果是99.8%成色的纯金。

张主任问鉴定部门经理：“这样一根金条，你们银行的回收价是多少？”

“这根金条好像不是咱们K市银行铸造的，我们一般只收本市银行铸造的金条。不过，”鉴定部门经理瞥了一眼行长说，“也不是完全不可以。按照这个成色和重量，现在的回收价应该不低于2万元。”

"你有多少这样的?"行长问。

"20根。"张主任说。

"什么案子啊,这么多律师费。"行长狐疑地望着他。

张主任没有回答,他把金条放进西服兜里,然后对行长说:"我走了,哪天请你喝酒。"

三个农民工见张主任回来都站了起来。

小伙子焦急地问:"张主任,鉴定了吗?是真的吗?"

张主任把截去一小块的金条递给他,说:"99.8%纯金。"

年轻人高兴得跳了起来。"那,这一根能卖多少钱啊?"

"银行回收价是2万元。但是,你这个金条来历不明啊,银行不一定能收。他们回收的都是银行系统铸造的金条。"张主任坐下来慢条斯理地说。

小伙子的笑容顿时消失了,他几乎是哀求道:"那怎么办啊?我还想卖掉这些东西给我妈治病呢。张主任,我求求您,给我想想办法,您认识的人多,路子广,一定有办法的。"

张主任摇了摇头。"像你挖到的这种埋藏物,按照法律规定应该属于国家。正常你应该上交国家,当然国家可能会给你一定的物质奖励。"

"上交?不,不,那绝对不行。"小伙子把脑袋晃成拨浪鼓。

“张主任，”年长的人插嘴道，“金子这种东西呢，肯定会不断升值的。我有个建议，能不能这样？您是成功人士，像你们这样的人一定会做一些投资。买金条也是投资的一种方式吧？所以呢，小王把这些东西低价转给您，比如一根1万元，这样您不仅做了投资，还帮助了他们家渡过难关，这不是一举两得吗？您说呢？”

“对对，我怎么没想到这个呢，”小伙子又高兴起来，“但是，1万元一根，是不是有点太便宜了？”

“你这个小子真是不识抬举，”年长的人训斥道，“张主任能买，主要也是为了帮助你们家，你还讲什么条件！”

小伙子微红着脸低下头。“行，那太感谢张主任了。”

张主任的额头泛起智慧的光芒。他觉得这个年长者的建议确实挺不错，既能帮助小伙子又能轻轻松松赚20万元。他毫不犹豫地做了决定。

他向来是雷厉风行的人，马上就去银行取出20万元现金拿给小伙子。

小伙子激动得几乎要流下泪来，他把现金装进破旧的背包里，然后拿起那根截掉一块的金条向张主任恳求道：“张主任，我这辈子不可能再挖到金条，我觉得这也是一种缘分，可能是上天注定的。您能不能把这个送给我，我想留个纪念。另外，我的父母突然见到这么多钱，肯定会问我钱是从哪儿来的。我说是挖到金条卖的钱，但一根都拿不出来，他们肯定不会相信。”

张主任看着他可怜巴巴的样子心想，反正19根金条就能赚不少，好人做到底吧。他爽快地说：“好，那你就留个纪念吧，这种好运可遇不可求。”

小伙子点头哈腰地表示感谢，然后把金条放进背包里。

“那，张主任，我们先走了，等您出差回来，我们带您去看看现场。还有，您让您的助理给我们打电话，看看我们需要准备什么证据。”年长的人说。

“放心吧，我让他跟你们联系。那我就不送了。”

“不用，您忙。”三个人恭恭敬敬地给张主任行了个礼，转身离开了小会议室。

小会议室里，张主任把玩着闪闪发光的金条喃喃自语：“确实是缘分。”

过了半小时，他拿着19根金条再次出现在行长办公室。他想既然是意外之财，还是赶紧卖掉算了。

银行回收金条，必须对每一根金条进行纯度鉴定。让他万万没想到的是，这19根金条经鉴定都是假货，是在铜铅合金上镀的黄金。

律师被当事人诈骗是很丢脸的事，但张主任已经顾不得这些了，在当时20万元可不是小数目，他立刻报了警。

我没有看到这个案件的后续报道，可能至今尚未侦破。

很多人说，在这个案件中律师被骗是因为贪婪。这当然没有错，贪婪是所有被骗者具有的共性。不过我认为，这位律师被骗还有一个很重要的原因，就是他内心的优越感。他从心底坚信，这三个农民工不敢骗他，也骗不了他。而这些骗子也不断地刺激他的优越感，反复说我们是农民没见过世面也没有能力，而您是见多识广很有办法的大律师、成功者。他们还编造小伙子父母有病没钱治疗的困难情况，来激发他的同情心。心理学家早就指出，同情心是优越感的一种表现，是为了实现自身优于别人的价值感。

我经常听到有些律师说，咱们律师都是人精。这个观点我实在不敢苟同。二十多年的执业经验告诉我，很多当事人要比律师精明得多。

其实，律师只是个法律专业工作者，就像医生一样，每天研究最多的是专业本身，而不是人情世故。所以，不少律师身上带着很浓的书生气，为人处世比较单纯甚至比较天真。尤其是本科或研究生刚毕业就做律师的年轻人（现在这样的年轻律师很多），他们对复杂的社会现实知之甚少，对复杂的人性更是没有深刻的认识。

当事人则不一样，他们大多具有丰富的社会经验，其中不乏精于算计之人。我有个律师朋友，他特别聪明，但正因为特别聪明，反而在前几年被他的一个当事人欺骗，对当事人企业的某个所谓的项目进行投资，60 万元血本无归。后来发现，根本不存在真实的项目，他看到的项目只是个躯壳。

因此，律师要正确地认识自己，不要自视甚高，不要觉得自己有多么聪明或见过多少世面。在与当事人谈案时，一定要摆正心态。作为律师，我们只需专心研究当事人需要解决的法律问题，不要试图参与当事人的其他事情，更不要想从当事人那里得到律师费之外的其他利益。

第二节　当事人用案源引诱律师实施犯罪

稳定的案源是律师们梦寐以求的，而能够提供稳定案源的通常是有规模的企业客户。所以，律师们都想方设法地争取做几家有规模企业的常年法律顾问。

有的企业主就利用律师的这一心理，以常年法律顾问为诱饵，让律师“帮”他做一些职责之外的事情，或者让他执行比较隐秘的任务，而这些事情和任务，往往涉及违法犯罪。

律师们对这样的“机会”态度不一。有的律师求之不得，认为这是进入“企业家圈子”的良机，所以心甘情愿地去做；有的律师则比较谨慎，但又无法抗拒那种诱惑，所以在犹犹豫豫中越陷越深；大部分律师能够坚持职业底线，守住做人原则，拒绝提供这种“帮助”，不去执行此类任务。

我有个律师朋友老李就遇到过这种诱惑，他给我讲了一个挺有趣的故事：

那是七八年前的事情。我在一次聚会上认识了某集团公司的老板张总，我俩“一见如故”，谈得十分愉快。道别的时候他搂住我的肩膀热情地说：“我明天去美国，等我回来咱们再好好聊一聊。”

大约过了一个月，他突然出现在我的办公室。我们简单寒暄几句之后，他兴奋地说：“李律，我这次去美国收获很大，我准备从美国引进一项技术。哦，对了，我给你买了件小礼物。”

他从皮包里拿出一个小礼盒递给我，我接过来正想打开，他挥挥手，说：“等一会儿你自己看，先跟你谈点正事，我想请你做我们企业的常年法律顾问。原来的常年法律顾问合同马上到期了，我不想续约。那个老伙计，纯粹是个书呆子，脑子一点儿都不灵活，关键时刻总是上不去。”

请我做常年法律顾问？这个节奏是不是快了点儿？我思忖着把礼盒放在桌子上，谨慎地说：“谢谢张总的信任，不过，我对你们公司还一无所知啊。”

“这个好办，”他环视着我那狭小的办公室，说，“李律，你以后可能需要经常去我们公司，我在公司给你弄一个大一点的办公室，如果需要的话再给你配一个秘书。”

他的语气好像这件事已经定下来了，可我们还没有谈合同的具体细节。我用疑问的眼神望着他。

他似乎看穿了我的心思，朗声笑道：“合同条款你想怎么写就怎么写。我今天先给你打过来10万元顾问费，不过，合同这几天恐怕签不了，公司印章被总会计师带到云南去了。咱们公司在云南正在运作一个大项目，到时候你这个常年法律顾问可得好好保驾护航啊。”

说实话，我挺喜欢他这种爽快的性格，所以慨然应允：“好，合同写好了发给你。你放心，我会竭尽所能的。”

“竭尽所能？这个词用得好。一个人只要竭尽所能，就没有办不成的事情。”他开怀大笑，看起来格外高兴。

其实，他请我做常年法律顾问我心里也很高兴。他的企业规模不小，据说净资产可能超过30亿元，拥有十几家子公司，业务涉及房地产、建筑、商贸等多个领域，是典型的多元化企业集团。多元化企业的法律事务比较多，也比较复杂，做起来不太容易，有一定的挑战性，但正因如此，才让人感觉有点滋味。何况这样的企业犹如泉水，是永不枯竭的案件来源。

当天下午，他通过微信给我转来10万元。我让他把开发票所需的信息发过来。他回复说，这只是定金，发票等签了合同再说。我提醒他，以后法律顾问费要直接打到律师事务所的账户上。

我马上把这笔钱交给律师事务所的会计，告诉她这是定金，委托代理合同很快就会签订，发票到时候一起开。律师绝不能把当事人支付的律师费放在自己手里，那样容易构成私自收费而被司法局和律师协会处罚。

三天后，张总一大早给我打电话，说有个急事想跟我商量一下，让我九点在香格里拉大酒店一楼咖啡屋的小雅间等他。

我有些纳闷儿，为什么不去公司谈呢？但转念一想，他是个大老板，在香格里拉大酒店可能还有别的业务。

我准时在约定的地方等他，而他迟到了约20分钟。

“抱歉，李律，让你久等了，”他一进来就握住我的手说，“这个人民路，堵得简直一塌糊涂。”

“我也是刚来。”我看着他疲惫的神情说。

“昨天又多了。中院那个李院长特别能喝，我俩喝了三瓶茅台。哪天我叫你，你也认识一下，以后有事可以找他。我跟他是发小，他爸是我干爹，不，他妈是我干娘。”他好像酒还没有完全醒，说话有点颠三倒四。

我笑着问：“什么急事？”

“哦，对了，”他拉开小皮包从中拿出两张纸递给我，说，“这里有一份合同，你看看法律上有没有问题？”

我立刻进入工作状态。这是一份管理顾问合同，合同内容非常简单，只有二十几个条款，而且除顾问费及其支付方式之外，几乎没有实质性内容。我当即想到了两个字：行贿。

“怎么样？”他见我皱起眉头一言不发催问道。

我朝他笑了笑。“这是要跟谁签的合同？”

“一个世外高人，”他故作神秘地笑了一下，说，“咱们这个公司啊，发展到现在遇到了一个‘瓶颈’，那就是公司上上下下没有人真正懂战略管理，包括我在内。我们都不知道下一步应该往哪走、怎么走。像现在这样，什么赚钱就干什么，那肯定不行。我们必须考虑十年二十年后公司应该干什么。”

我点了点头，表示完全赞同他的观点。不过，我怀疑现在还有没有这种所谓的世外高人，担心他被骗所以问他："这个世外高人，我先不问他姓甚名谁，他是研究企业战略管理的专家吗？"

"老弟啊，你可真是书呆子！"他指着我笑道，"你以为那些所谓的专家学者能解决企业的战略问题吗？哈哈……没有用！这些年，我请过好多专家，花了不少钱，可一点儿用都没有。"

"说得也是，他们都是用知识忽悠人的，解决不了实际问题。"我深有同感。我想起在某大学担任管理学教授的同学，他本来是个老实人，但现在说起话来忽忽悠悠，俨然像个骗子。

他目光炯炯地盯着我问："李律，你知道在中国，真正的专家在哪儿吗？"

"在企业界？"我脱口而出。

"没错。确实有几个企业家很有战略思想，但他们毕竟不是搞理论的，还算不上真正的专家。"

高校里没有，企业界里也没有，难不成他指的是政府？我刚要开口，他说："在政府里。不要小瞧那些管经济的官员，他们才是真正了解中国经济的人，特别是他们知道中国经济的问题和希望在什么地方。他们当中有真正的高人。"

我恍然大悟。他这个观点不无道理，政府里确实藏龙卧虎，像原某市市长黄先生，那是真正的专家。但是，从他的表现来看，我断定他真正的目的不是请什么专家，而是以此名义给官员们行贿。这是典型的名为顾问实为行贿的合同，他刚才那些听起来冠冕堂皇的说辞，都是为了说服我。

我要进一步确认我的判断，于是试探性地问："那么，你希望我做些什么呢？"

"很简单，你帮我实现这个目标，"他慷慨激昂地说，"从签订和履行这个合同开始，完全由你来负责。"

"你希望我怎么做呢？"

"这件事必须借用你律师的身份，可能还需要你的律师事务所。"

狐狸尾巴终于露出来啦，我心里笑着，说："看来，你想聘请的专家，不是一两个人啊。"

"没错，可能有五六个，甚至十几个。"

"那么，你是想跟这些人都签一份这样的协议吗？"

"NO！那怎么能行呢。他们是官员，不方便啊。我想，你们律师收取的也是顾问费，这个顾问费的多少也没有什么标准，所以我想与你深层次合作，把这些专家请出来，发挥他们的智慧，让企业真正走向有希望的未来。"

"你是想说，走我法律顾问费的账，通过我发给他们顾问费，是吧？"我直接点破窗户纸。

他激动地握住了我的手，两眼放光。"老弟，就是这个意思。这件事如果做成了，你就是企业的大功臣，我绝不会亏待你的。"

"看起来挺不错。不过，这样的话，我岂不犯了行贿罪？"我脸上带着鄙夷的笑容慢悠悠地说。

"老弟，你可真会开玩笑。这怎么能叫行贿呢？这是他们的劳动所得。只不过由于他们身份特殊，换了个方式支付顾问费而已。"

"张总，"我正色道，"说实话，认识你我很高兴，我也希望能为你做点事。但是，我这个人天生胆子小，而且一向遵守'君子爱财，取之有道'这个原则。所以，凡是涉及违法的事情我都是敬而远之的。很抱歉，我实在帮不了你这个忙。你的盛情我领了，一会儿我把10万元退给你，还有那个礼物。"

说完我起身要走，他一动不动地坐在沙发上，用难以理解的眼神瞪着我，但没有阻止我离开。当我走到门口时他喊道："想通了再来找我。"我装作没听见，打开房门走了出去。

后来他给我打过两次电话，要请我喝酒，我都谢绝了。他是个为了目的不择手段的人，我不想跟这种人有更多的接触。细想下来，自从他在聚会上认识我之后，他的每一个行动应该都是精心设计的，包括那个礼物，那是一条纯金打造的蛇，他竟然查出我是属蛇的。至于为什么他选中我还不肯轻易放手，主要的原因可能是我书生气比较浓，看起来比较单纯，重义气。

这就是老李的故事。从这故事里我们可以看到，有些当事人深知律师最需要什么，所以用它作诱饵，为自己某种违法的目的服务。其实，想把律师和律师事务所当作洗钱、行贿等犯罪工具的大有人在。因此，律师特别是刚刚执业的年轻律师，一定要高度警惕，时刻防范，坚守自己的原则。

任何致命的诱惑，我们都要远离，就像远离毒品一样。

第三节　当事人用欺骗手段利用律师

有的当事人为了实现自己的某种目的，故意隐瞒重要事实或者编造虚假事实，让律师觉得该案在法律上能够立得住，然后再承诺执行之后支付高额律师费，引诱律师与其签订风险代理合同，用极少的费用甚至无偿使用律师。

我就遇到过这样的当事人。

2022 年 3 月，有个律师朋友给我介绍一个股权转让合同纠纷案件。当事人梁某是一家电子设备制造公司（以下简称 A 公司）的老板。梁某收到一份起诉状，原告是购买其股份的 B 公司，原告的诉求是解除合同并返还购买股份的款项 300 万元。原告起诉时提交的证据只有一份：向被告支付 300 万元股份转让款的建设银行交易明细。

我先请梁某介绍一下签订和履行合同的情况。

他把一份《股份转让协议书》递给我，然后说："2020 年 3 月 11 日，我跟 B 公司经理邓某签订了这份协议，我们约定：我把自己拥有的 A 公司股份的 3% 以 1000 万元的价格转让给 B 公司，B 公司分三期向我支付股份转让款。但是，他们支付第一笔 300 万元之后，我们之间由于在其他方面合作得不太好，所以剩余的款项没有再支付给我。我们在协议书里还约定，全部款项支付之后，我再启动股权变更登记的法律程序。"

"那么，在现在这种情况下，他们支付的 300 万元是否应该返还？这方面你们在合同中有没有约定？"我问。

"合同里好像有约定，如果不继续支付剩余款项，已经支付的款项不予退还。你看一下合同。"

我用几分钟仔细看了一遍《股份转让协议书》，协议书中确实有约定：乙方（原告）不按期支付股份转让款，则已经支付的款项甲方（被告）不予退还。

从《股份转让协议书》的约定内容和履行情况来看，违约在先的是原告，被告似乎没有违约的地方。但是，原告为什么还如此信誓旦旦地起诉呢？原告手里是不是有什么关键的证据没有提交？

想到这里，我问梁总："你们除这份协议书之外，还签订过其他协议或者书面的东西吗？"

梁总摇摇头，坚决地说："没有，就签了这么一份协议书。而且，他们手里可能没有这个协议书，三份原件都在我手里。"

原来如此！我一直在想，原告提出解除合同的诉讼请求为什么没有提交相应的合同。现在看来，他们手里根本没有这份《股份转让协议书》。

但我依然有些担心。因为正常来说，原告起诉一定是有什么依据。那么，会不会有其他形式的证据呢？

我问梁总："B公司的经理，有没有跟你谈过要回这300万元的事情？他手里会不会有相关的微信聊天记录或者录音证据？"

"没有谈过。原来的经理走了，现在这个经理我不认识。"梁总毫不犹豫地说。

如果事实和证据确实如此，我觉得这个案件可以接。于是，我跟他简单地谈了一下方案，他表示完全同意。接着，我们谈到了律师费。梁总马上表现出特别为难的样子。

他说："吴律啊，现在的经济形势你也知道，企业太难了，去年我已经裁了一部分人，但还是很难维持。我建议咱们风险共担。他们不是提出要回300万元吗？如果法院判决我返还200万元以上，我就不给你律师费了，因为那样的话，我请律师就没有意义；如果在200万元到100万元，我就给你提200万元减去判决数额的15%。比如，如果法院判决我返还100万元，你就能拿到15万元；如果法院判决结果在100万元以下，我就给你提200万元减去判决数额的20%。也就是说，如果判决的结果我们全胜，一分钱不用给，你就能拿到40万元律师费。我觉得这样比较公平，也有助于激发你的全部智慧。你看怎么样？"

我心里一阵感慨。真不愧是商人啊，算盘打得明明白白。不过，我当时对案件充满信心。虽然想到原告会搞证据突袭，他们手里应该还有东西没拿出来，但我觉得有个基本的事实很难改变，那就是：按照《股份转让协议书》的约定，先违约的是原告，原告只支付了部分转让款，所以被告完全可以不启动股权变更的法律程序。另外，我认为，这个《股份转让协议书》应该继续履行，而不是解除，原告作为违约方没有合同解除权。基于这样的分析，我痛快地答应了他的建议，我们签订了《风险代理合同》。

但让我万万没想到的是，开庭的时候，原告不仅拿出了与我方手里的《股份转让协议书》完全不一样的《股份转让协议书》，而且提交了一份录音证据。按照原告的《股份转让协议书》，原告没有违约。而原告提交的录音证据显示，原告曾经到被告办公室，明确要求返还已经支付的300万元股份转让款。而被告表示，现在确实没有钱，承诺在2021年年底前全部返还。这说明，双方对返还300万元股份转让款一事已经达成一致。被告在录音里根本没有说，这笔钱按照双方签订的《股份转让协议书》不应该返还。

有了这两个证据，我方不可能胜诉，我的任何努力都无济于事。而这一点，当事人在找我时就已经十分清楚。

谈案的时候，他不仅故意隐瞒了这两个重要的事实，而且在我问他时，他还撒谎说没有签订其他协议也没有跟对方谈过。

他为什么要欺骗我呢？他的目的究竟是什么？第一次庭审结束后，我愤怒地质问他。

他说："我要是实话实说，你就不可能代理。我现在实在没有钱给他们，律师费我现在也拿不出。所以，我就想找个能干的律师给我想办法拖延判决。对不起了，吴律。你还得给我上诉，尽可能拖，过几个月可能就有转机，千万不能让他们查封公司的股份。我相信你会有办法的。我以后一定会补偿你。”

到了这个时候他还在忽悠我。我真想痛骂他一通，但是那有什么用呢！过了几天，我给他写了一份上诉状，告诉他二审自己打，以后不要再找我。

其实，我不给他代理二审，不只是因为他欺骗了我，而是因为我的工作毫无意义。比起他的动机，我更在乎的是案件最终的结果。如果他利用我实现的是良善的目的，即使我没有赚钱也没关系，毕竟那样我的付出还有价值，我权当法律援助了。然而，他隐瞒重要事实，故意说谎，用欺骗的手段利用我想达到的结果竟然是拖延时间，而拖延时间的目的，很可能是转移资产彻底逃避债务，这是我无法容忍的。

哲学家伊曼努尔·康德（Immanuel Kant）曾说，人不能单纯成为他人的手段。我觉得对于律师来说更是如此。

第四节　当事人通过律师进行虚假诉讼

近年来，律师因为虚假诉讼被行政处罚甚至被追究刑事责任的案件时有发生，虚假诉讼已经成为民商事律师面临的最大执业风险。

而这个执业风险主要来自当事人。有的当事人在谈案时就设计好如何通过律师进行虚假诉讼，牟取非法利益。

我在《律师基本功》中讲过一个民间借贷案件，这个案件的当事人就属于这种类型，我们先简单回顾一下。

几年前，王某来找我咨询一个民间借贷的案子。他给我看了一张借条，借条内容相当简单：我李某，现从王某处借款80万元，然后写上年月日和名字。

王某问我："我凭这个借条起诉李某可不可以？"

这是明知故问。有借条可以起诉是常识，他如此问说明其中一定有什么蹊跷。所以我问他："这80万元，你都付给他了吗？"

他回答："给了20万元。剩下60万元是利息，是这几年利滚利算出来的，当时约定的利息是（月）八分利，他认可了，重新写了一张借条。"

我接着问："李某这些年一分钱都没还吗？"

他闪烁其词地说："还了点。好像还了30万元，一次一万两万的，都是现金，他手里没有证据。"

我一听他说对方手里没有证据，就立刻明白他找我的目的了。我问他："你是不想承认收到这笔钱了，是吧？"

他尴尬地笑了笑说："我就是想问你，我如果不承认会怎么样？有什么法律后果？"

我问："你现在已经起诉了还是准备起诉？"

他回答："已经起诉了，在老家请了一个律师。"

我问："你的律师什么意见？"

他回答："律师说，就按借条的数额起诉，不承认已经收到30万元。"

我问："对方肯定在法庭上说，他已经给你30万元。法官如果问你有没有收到，你怎么回答？"

他说："他手里没有证据。"

我问："我知道他手里没有证据。我是问你，你怎么回答法官的问题？"

他说："我让律师回答。"

我说："王总，你可能对法庭审理不太了解。有些事实问题，法官经常会直接询问当事人，不让律师回答。”

“那我应该怎么回答呢？”他反问我。

我问：“你的律师怎么告诉你的？”

他说：“律师告诉我，可以回答‘没有’，被告对还款的事实负有举证责任。我感觉她挺有水平，还一心为我着想。”

我冷冷地问：“那你来问我干什么？”

他有些不安地说：“可我总觉得心里没底。万一这30万元的事……所以今天来就是想请教你，我不承认这件事，对我到底有多大的风险？有没有万全之策？”

我严肃地告诉他：“这是妨害司法的违法行为，很可能构成虚假诉讼罪。”

他赶忙问：“那我应该怎么办呢？”

我淡淡地说：“法律问题我已经解释清楚了，至于怎么做你自己决定，因为选择的后果只能由你自己承担。”

这位当事人找律师就是想通过律师，用虚假诉讼的方式牟取非法利益。他有很深的心机，而且做好了准备，打算一旦出事就把所有责任都推给律师。

其实，这样的当事人并不少见。我再举一个例子。

A公司欠李某材料款100万元。李某多次索要无果向法院起诉，并申请财产保全。法院根据李某的申请查封了A公司的一台重要设备，给A公司的生产经营造成很大的影响。A公司无奈按李某的要求签订了《还款协议》，协议约定：A公司欠李某260万元，2021年12月31日前偿还。当时李某说，之所以写260万元是为了让A公司早日还钱，双方实际债权债务仍然是100万元。后来，A公司于2021年的12月1日向李某支付了100万元。

然而此时，李某觉得《还款协议》中写的是260万元，所以他想根据《还款协议》起诉A公司，要求其支付剩余的160万元。

我认识李某多年，算是半个老乡。有一天，他找我咨询这个案件，希望我给他代理，我没有答应。

我提醒他说："如果你真的这么做，很可能涉嫌犯罪。按照《刑法》的规定，以捏造的事实提起民事诉讼，妨害司法秩序或严重侵害他人合法权益，就构成虚假诉讼罪。"

他不以为然地说："吴哥，这个《还款协议》是我们双方协商之后签订的，他们认可了，我没有捏造，没有一个字是我捏造的，怎么能认定是虚假诉讼罪呢？这白纸黑字写得清清楚楚，我就不相信他们能推翻这个证据。”

“在法律上认定一个证据，没有你说的那么简单，要根据证据形成的过程等各种因素综合判断双方的真实意思。我劝你还是小心点儿，不要有贪念。对了，那个于律师，上一个案件不是办得挺好吗，还给你查封了一台设备，否则 A 公司也不会签订这个《还款协议》，你为什么不找他呢？”

“那个律师确实挺有办法。一般情况下，生产经营用的设备法院不给查封。但是吴哥，不知道为什么，这个人始终让我不大放心。他说话神神叨叨的，好像什么人都认识，什么案件都能办。”

我笑道：“看来他是个能人啊，让他办这个案子不是正合适吗？何况，那个《还款协议》还是他起草的，他了解情况。”

他苦笑着摇摇头。

“你是担心到时候被他控制，是不是？”我凝视着他问道。

他像是被大人看穿心思的小孩，瞪大眼睛望着我。片刻之后，他说：“吴哥，我心里明白，这件事搞不好可能有点麻烦。所以，我想找一个稳稳当当的律师，想出一个在法律上能够站得住的方法。我知道你经验丰富，喜欢研究案子，所以来找你。吴哥，如果你愿意办，我给你 30 个（万）。”

他见我笑而不语，又把律师费提高到 50 万元。

我有些哭笑不得。我说："小李，我看你跟我讲得挺实在，没把我当外人，所以，我也跟你说点实话。如果我根本不知道这份《还款协议》产生的过程，而且你告诉我《还款协议》中的欠款额是真实的，那我有可能给你代理。但是，我现在已经知道了真相。我明知道《还款协议》中的160万元是虚假的债权债务，没有真实的交易基础，我还帮你起诉，通过法院的判决让它变成真实的债权债务，那我的行为也可能构成虚假诉讼罪。你觉得我能那么做吗？"

他有些木然地望着我。

"我不想跟你讲什么大道理，我只想说，你为了这点钱去做可能涉嫌犯罪的事情不值得。再说，你这个目的也很难实现。我给你分析一下。第一，对方手里可能有相关的录音证据。第二，可能有一些证人能够证明《还款协议》产生的过程。特别是你以前的于律师，如果他作证说协议上的260万元是虚假的，真实的债务是100万元，你这个官司不可能赢。第三，法院会查明这260万元债务是怎么形成的，有没有真实交易做基础。总之，最后一定会真相大白，那个时候等待你的不是160万元，而是法律的制裁。你是聪明人，能做这种赔本的事情吗？至于你为什么找我而不去找于律师，可能是你觉得我是个读书人比较容易掌控，而于律师显然比你还‘社会’得多，你根本没法掌控他，我没说错吧？”

他的脸涨得通红。他结结巴巴地说：“不，吴哥，不是，我就是觉得你肯定能实实在在地帮我。不过，听你这么一说，我还真得好好想一想，谢谢吴哥。”

你们看，他找律师的目的非常明确，那就是让律师帮他进行虚假诉讼，并承担所有的法律责任。以后有一天出事了，他一定会说，这都是律师的主意，都是律师做的，我不懂法律，我没有参与。所以，他精心选择最合适的律师。我“有幸”被他选中，是因为他觉得我是个读书人，没有什么社会关系，可以比较轻易地把所有责任都推给我。其实，很多律师都像我一样，大学或研究生毕业，就在城市里独自打拼，没有什么特殊的背景。这就很容易被某些人“看好”，一不小心就会成为被他们利用来牟取非法利益的工具人。

因此，律师职业本身绝不是我们的护身符。只有时刻坚守正确的职业理念和做人准则，才能有效地保护自己免受各种利益的诱惑，才能保证我们的职业生涯长久且有意义。

在这一章里，我们通过几个案例分析了律师在谈案中可能遇到的执业风险。这些风险大多直接来自当事人，但这不等于说当事人都那么用心不良，我们需要像防贼一样防当事人，那样的话律师就没法做了。其实，大多数当事人找律师的目的很纯正，就是想通过法律手段解决自己遇到的麻烦。

然而，我们也不能无视社会和人性的复杂。在一些当事人眼里，律师只是他们牟取利益（包括不道德或非法利益）的工具人。他们心里并不尊敬律师，认为律师只是个拿人钱财，替人消灾的人（律师优雅地称自己为争议解决者），律师的任何服务都可以拿钱买到。所以，这部分当事人用案源、法律顾问、高额律师费引诱、欺骗律师，让律师无偿为自己卖力或者冲锋陷阵为自己抵挡子弹。甚至还有些当事人利用律师那种自以为是的优越心理和充满自信的贪念，直接骗取他们的钱财。

这些风险无一不是来自当事人。然而，风险是某种特定危险发生的可能性，是不确定的，并非必然发生的危险。有时把风险变成现实危险和损失后果的，正是律师自己，而不是当事人。我们必须深刻地认识到这一点。

那么，如何才能有效地规避这种风险呢？

第一，坚守做人的底线，远离危险的当事人。

什么是做人的底线呢？做人的底线就是，违法的事情坚决不做，违法的活动坚决不参与。

有的律师，明知当事人做的事情涉嫌违法，仍然为其提供法律服务。最典型的就是，为“套路贷”或高利贷设计相关的合同，并试图通过诉讼实现合同约定的非法利益。

有的律师，则主动给当事人出谋划策，积极充当当事人的智囊，帮助当事人进行违法犯罪活动，如担任黑社会性质的组织的法律顾问。

还有的律师，亲自上阵，用伪造、变造、隐匿、毁灭证据等违法手段，协助当事人逃脱应该承担的法律责任。

近年来，已有多名律师在代理案件或担任企业法律顾问过程中，因参与当事人的黑社会性质的组织活动或参与当事人实施的诈骗、虚假诉讼等犯罪活动，被追究刑事责任。

古人说：“常在河边走哪有不湿鞋。”如果你经常和危险的当事人在一起，还不能坚定地守住做人的底线，那就很可能与当事人一起沦为阶下囚，甚至成为当事人的替罪羊。

第二，端正自己的职业观（职业理念），做一个称职的律师。

律师是为当事人的权利而奋斗的职业，而这个权利是指法律保护的正当利益。如果一个律师帮助当事人获得不正当的非法利益，那么，他就失去了律师的基本职业道德，偏离了律师的基本价值追求，也就不是称职的律师。

这样的律师，往往把赚钱作为做律师的唯一目的，认为法律是发财致富的绝佳“工具”，因为掌握法律知识的是少数人，具有相当的

“垄断性”。但律师也是人，也需要生存，需要不断地改善生活，所以想通过工作多赚钱无可厚非。然而我发现，对律师职业持有这种理念、对法律持有这种认知的律师，通常很难抵御在执业过程中遇到的各种诱惑。这样的律师，正是那些试图通过法律手段牟取不正当利益或非法利益的当事人围猎的对象。他们拥抱当事人提供的各种“难得机会”，于是不知不觉间成为金钱和权势的附庸，跳入别人早已安排好的陷阱。

当然，如果当事人的合法权益受到侵害，律师必须全力以赴。英国律师、大法官布鲁厄姆勋爵（Henry Peter Brougham，Lord Brougham）曾说：“为了拯救和保护当事人，律师要不顾任何风险，不惜任何牺牲，这是律师义不容辞的职责。”这句话说得有点玄乎，很多人不相信。但是，现实中的确有一些为了自己的神圣职责而奋不顾身的律师。

因此，律师是什么，律师应该是什么，我为什么做律师，我要做什么样的律师，对这些问题的答案，在很大程度上决定一个律师是不是称职的律师。

做一个真正称职的律师，其实是很不容易的。

第三，要正确地认识自己，不要把自己视为社会精英，瞧不起普通当事人。

律师职业确实有其特殊性。律师们精通晦涩难懂的法律，出入常人望而却步的司法机关，办公通常在高档的写字楼，这些因素也许能给我们一定的优越感，但绝不能因此变得目中无人，否则必然会自食其果。

法国政治社会学奠基人阿力克西·德·托克维尔在其名著《论美国的民主》中说，律师从出身和利益方面讲属于人民，而从习惯和品位方面讲属于贵族，他们可以被看成是人民和贵族两大阶级的中间环节。

这句话形容的是法国的律师，不过，用在目前中国的律师身上似乎也有合适之处。我们有些律师，在面对普通当事人时显得高高在上，气场十足，而面对官员和企业界时显得谦卑有礼，恭敬有加。如果一个律师这样定位自己，那就很容易成为当事人的工具人。

其实，在我国，律师就是普普通通的老百姓，只不过是用法律知识谋生并为社会贡献自己的职业而已。因此，律师与老百姓、官员和企业家一样，都是平等的存在。

第四，通过研究律师被追究法律责任的各种案例，从别人惨痛的经历中吸取教训，不断提高对社会和人性的认知，迅速培养敏锐的洞察力。

洞察力，就是看透本质的能力，就是识别善恶的能力。如果一个律师，不能比较准确地判断当事人是什么样的人以及他找律师的目的，那么这个律师可能还不具备独立办案的能力。

现在不少年轻律师，刚拿到执业证，还没有独立办过几个案件，甚至有的律师连一个诉讼案件都没有独立代理过，就开始自己干，真是“初生牛犊不怕虎”。在如此复杂的法律江湖里，这么做是十分危险的。每当看见这样的律师，我心里就特别担心，所以经常建议这些律师，执业之初一定要跟着老律师做三五年，不要急于独立。新律师需要向老律师学习的，首先是规避执业风险的方法。执业技巧可以慢慢学，但是规避执业风险的方法必须尽快掌握。

据说，美国的大学本科没有法学专业，学法律必须在本科毕业之后，这是因为学习法律需要一定的人生经验。这是很有道理的。

“法律的生命不是逻辑而是经验。”我们都很熟悉奥利弗·温德尔·霍姆斯（Oliver Wendell Holmes，Jr）的这句名言。作为美国联邦最高法院首席大法官，这是他对法律本质的切身体会和深刻总结。

律师是法律的应用者和实践者，所以，经验对于律师来说更为重要。做律师千万不能急于求成，要在实践中不断积累经验，不仅要积累办案经验，还要积累识别和规避风险的经验，这样才能行稳致远。

为了能够从事律师职业，我们付出了很多时间和心血。我们深知这个职业所包含的价值和意义，我们代理的每一个案件，无论大小都涉及社会的公平和正义，我们可以选择践踏也可以选择维护，这都在我们的一念之间，而这样的“一念”将会决定我们成为什么样的人。

因此，我们应该互相勉励：通过严格的自律，用内心的良知和底线思维，战胜不断产生的妄念，抵御来自各方的诱惑和压力，始终坚守正确的职业观，努力成为令人尊敬的法律工作者。

（本书完）

后记

这些年，我在学习和工作中逐渐养成了两种思维习惯：一是逻辑思维，二是系统思维。我喜欢对自己感兴趣的问题，从整体上按照它本身的逻辑，进行系统的思考。

现在呈现在读者面前的《律师谈案方法》，就是我对律师谈案问题按照谈案的逻辑进行系统思考的产物，旨在帮助读者尽快提高谈案能力。

谈案能力是律师必须具备的基本能力，是律师执业要闯过的第一关。但我发现，很多律师（包括有些老律师），并没有真正闯过这一关，谈案始终是他们的软肋。因此，我在《律师基本功》一书中，专门用一章介绍了律师提高谈案能力的基本方法。

《律师基本功》出版后，受到不少读者的好评。他们热情地提出许多宝贵的意见和建议。其中有一位律师说，书里讲的“谈案五步法”很有道理，但在实际工作中真正做到位并不容易。

我认为，这位律师之所以做不到位可能有两个方面的原因：

第一，案件分析能力不足。使用“谈案五步法”的前提是，律师必须能够迅速发现案件的要害，及时拿出有效的解决方案，这需要较强的案件分析能力。

第二，对谈案的认知深度不够，还没有真正认识到谈案的本质和目的，没有搞清楚谈案和咨询的根本区别。

后来，我在“法律名家讲堂”“青年律师训练营”等平台讲课时，从一些律师身上也发现了类似的问题。

这让我意识到，如果不从整体上提高对谈案的认知，不系统地掌握谈案的方法，很多律师的谈案就可能停留在凭经验进行的初级阶段，谈案能力的提高会十分缓慢，谈案成功率也很难得到改善。

于是，我决定写一本系统探讨律师谈案的专著。

由于我对谈案问题思考的时间比较长，材料准备得也比较充分，所以写作非常顺利，不到五个月就完成了初稿，可以说是一气呵成。这保证了本书结构的逻辑性和完整性，而结构是一本书的脊梁。

本书有四个主要特点：

1. 系统性

本书可以说是第一本视谈案为整体，系统地探讨谈案的著作。本书从律师普遍存在的三个主要问题入手，通过各种典型的案例，详细说明了谈案的基础性知识、谈案时需要注意的细节、谈案的基本原则、谈案的具体步骤、谈案的各种方法、律师收费方法以及谈案中律师的执业风险等内容。

系统地掌握知识，是提升能力的重要方法。

2. 实用性

本书中的谈案方法，均来自作者长期的实践经验和教训，实用性比较强。

读者如果肯花时间，将本书中的方法融会贯通，使其成为自己的思维习惯，那么你会感觉到，谈案是一项令人愉快的、很有成就感的工作。

3. 独创性

本书创造性地提出“案例研究法”“市场营销法”等谈案方法。这些方法不仅可以帮助读者迅速掌握谈案的主动权，提高说服当事人的效果，而且可以帮助读者从新的视角重新认识谈案，解决谈案中存在的各种问题。

4. 普遍性

本书中的方法具有相当的普遍性，既适用于初出茅庐的新律师，也适用于执业多年的老律师。

爱因斯坦有个著名的成功公式：成功=艰苦的劳动+正确的方法+少说空话。我相信，只要你肯脚踏实地勤奋努力，本书中的方法可以帮助你留住老客户，开拓新客户，顺利打开事业成功之门。

基于本书的这些特点，我建议，大家在阅读本书时，尽可能带着问题进行主动思考，并将书中的理念和方法立即应用于谈案实践中，然后及时复盘，总结经验教训，再去实践。亲自实践是提高谈案能力的关键。正如陆游诗中所云："纸上得来终觉浅，绝知此事要躬行。"

本书的出版得到法律出版社的大力支持。这是我与法律出版社的第二次合作，两次合作都十分愉快。法律出版社纯正的理念、规范的管理和高效的运作以及不断创新的精神，让我非常敬佩。借此机会，我谨向法律出版社应用分社社长冯雨春老师、策划和责任编辑朱海波老师以及法律出版社的其他老师，表示衷心的谢意。

由于我的学识和经验有限，书中定有不少谬误缺漏之处，敬请读者朋友们不吝赐教。我希望通过本书抛砖引玉，广交善于思考的法律界朋友，共同探讨提高谈案能力的有效方法。

我的联系方式如下：

E-mail：740940680@qq.com

吴春风

2024年2月16日于北京